法官谈维权系列

刘玉民 总主编

法官谈

怎样守护老年人权益

刘玉民　王雪　栗茜　编著

THE JUDGE TALKS ABOUT RIGHTS PROTECTION SERIES

中国民主法制出版社
全国百佳图书出版单位

图书在版编目（CIP）数据

法官谈怎样守护老年人权益/刘玉民，王雪，栗茜编著．—北京：中国民主法制出版社，2023.3
（法官谈维权系列/刘玉民主编）
ISBN 978－7－5162－3057－2

Ⅰ．①法…　Ⅱ．①刘…　②王…　③栗…　Ⅲ．①老年人权益保障法—案例—中国　Ⅳ．①D922.75

中国国家版本馆 CIP 数据核字（2023）第 002271 号

图书出品人：刘海涛
责 任 编 辑：逯卫光　袁　月

书名/ 法官谈怎样守护老年人权益
作者/ 刘玉民　王　雪　栗　茜　编著

出版·发行/ 中国民主法制出版社
地址/ 北京市丰台区右安门外玉林里 7 号（100069）
电话/（010）63055259（总编室）　63058068　63057714（营销中心）
传真/（010）63055259
http：//www.npcpub.com
E-mail：mzfz@npcpub.com
经销/ 新华书店
开本/ 16 开　710 毫米×1000 毫米
印张/ 12.75　**字数**/ 173 千字
版本/ 2023 年 6 月第 1 版　2023 年 6 月第 1 次印刷
印刷/ 三河市宏图印务有限公司

书号/ ISBN 978－7－5162－3057－2
定价/ 48.00 元

作者简介

刘玉民 男，北京市密云区人民法院党组书记、院长，二级高级法官，法学博士。曾任北京市高级人民法院组织宣传处处长、办公室主任，北京市西城区人民法院党组副书记、副院长。出版著作100余部，参与省部级课题12个，发表理论文章52篇，获得学术调研奖项33次。

王 雪 女，1984年3月生，法学硕士学位。2010年7月进入北京市密云区人民法院工作，先后在民庭、立案庭（诉讼服务中心）工作，现为四级高级法官。共审结各类案件2000余件，妥善审结了多起涉老年人权益及妇女儿童权益民事案件，先后荣获嘉奖、个人三等功，2022年被评为北京市法院“立案审判工作先进个人”。其撰写的案例分析多次被《人民法院案例选》《中国审判案例要览》采用。

栗　茜　女，1985年2月生，法学硕士学位。2007年7月进入北京市密云区人民法院工作，先后在行政庭、刑庭、民庭工作，现为民事审判一庭副庭长、四级高级法官。共审结各类案件2000余件，妥善审结了多起涉未成年人刑事、民事案件，2022年被评为“北京市妇女儿童工作先进个人”。其撰写的案例分析多次被《人民法院案例选》《中国审判案例要览》采用。

总序

习近平总书记指出："依法治国是坚持和发展中国特色社会主义的本质要求和重要保障，是实现国家治理体系和治理能力现代化的必然要求。我们要实现经济发展、政治清明、文化昌盛、社会公正、生态良好，必须更好发挥法治引领和规范作用。"党的十八大以来，以习近平同志为核心的党中央从全局和战略高度定位法治、布局法治、厉行法治，领导全党全国人民解决了许多长期想解决而没有解决的法治难题，办成了许多过去想办而没有办成的法治大事，开辟了全面依法治国的新境界，推动法治中国建设取得了历史性的成就，创立了习近平法治思想，实现了马克思主义法治理论中国化时代化的历史性飞跃，为全面依法治国提供了根本遵循和行动指南。党对全面依法治国的领导更加坚强有力，健全了党领导法治建设的工作机制和程序，建立起党政主要负责人履行推进法治建设第一责任人职责制度。宪法得到全面贯彻实施，设立国家宪法日和宪法宣誓制度，宪法制度已转化为治国理政的强大效能。法律规范体系更加完备系统管用，坚持科学立法、民主立法、依法立法，统筹推进"立改废释纂"，修改宪法，编纂民法典，加快重点领域、新兴领域、涉外领域立法，以良法促进了发展、保障了善治。法治政府建设迈上新台阶，颁布和实施了两个五年《法治政府建设实施纲要》，深入推进"放管服"改革，持续深化行政执法体制改革，法治政府建设推进机制基本形成，依法行政制度体系日益健全，严格规范公正文明执法水平普遍提高。司法体制改革取得历史性突破，司法质量、效率和公信力持续提升，人民群众对司法公正的认可度明显提高。法治社会建设取得实质性进展，全社会办事依法、遇事找法、解决问题用法、化解矛盾靠法的法治环境正在逐步形成。涉外法治工作开辟新局面，运用法治手段维护国家主权、安全、发展利益的能力显著提升。依规治党实现历史性跃升，党内法规制度建设推进力度之大前所未有，依规治党取得成效之显著前所未有，为世界政党治理贡献了中国智慧和中国方案。法治工作队伍建设成效卓著，忠于党、忠于国家、忠于人民、忠于法律的队伍逐步建成，法治工作队伍的规模、结构和素质更加优化。

法律是神圣的，但不是神秘的。深入开展全民普法，大力弘扬社会主义法治文化，让法律走出神圣的殿堂，来到人民群众中间，是习近平法治思想的重要内容，也是法律职业者重要而光荣的职责。作为首都基层法院，我们自觉履行“谁执法谁普法”的主体责任，通过庭审直播、新闻发布、“法律十进”、“法院开放日”等形式，线上线下有机结合，积极开展普法宣传。开展庭审网络直播，方便人民群众足不出户“在线学法”；全面推进新闻发布月例会制度，针对热点问题梳理典型案例、总结类案特点、作出法官提示，召开发布会；组织法官送法进机关、进学校、进社区、进企业、进军营等“法律十进”专场，精准开展“定制普法”；在国家宪法日等重要节点举行“法院开放日”活动，邀请社会各界近距离参与司法实践。通过官方微博、微信公众号、今日头条等新媒体平台，发布原创普法漫画、视频、公益广告，借力互联网让法治宣传深入人心。同时，深挖“密、云、法、院”四字内涵，建立“密之语”心理工作室，创办《云之声》院刊，打造“法之谈”培训品牌，树立“院之人”集体群像，努力形成“水云深处”书香密法的浓厚氛围。与中央民族大学、北京航空航天大学、北京农学院等高校密切联系，共同开展实践调查、理论研讨、课题研究，促进法学教育与司法实践良性互动、有机结合，不断提升各项工作水平。

法律的生命在于适用，案例是法律适用的结晶，是活的法律。马克思曾言：“法律是普遍的。应当根据法律来确定的案件是个别的。要把个别的现象归结为普遍的现象就需要判断。法官的责任是当法律运用到个别场合时，根据他对法律的诚挚的理解来解释法律。”可以说，人民法官正是通过公正审理各类案件，向社会解释着法律、传输着正义。每一个司法案例都蕴藏着法官的判断和思考，都体现着法官的经验和智慧。运用司法案例进行普法宣传，既贴近实际、贴近生活、贴近群众，又案法交融、前沿权威、通俗易懂，具有强大的生命力和重要的现实意义。有鉴于此，我院与中国民主法制出版社反复研究论证，策划了这套“法官谈维权系列”丛书。

该套丛书包括未成年人权益保护、公民权益损害赔偿、婚姻家庭与继承权益守护、务工人员权益保护、妇女和儿童权益保护、消费者权益保护和老年人权益守护7册内容，15名优秀法官参与编写，很多案例改编于他们审理的真实案例。丛书内容全面系统，案例新颖精准，体例和谐统一，分析透彻简明，相信必将成为广大学法、用法者的良师益友。在此特别感谢中国民主法制出版社给予的难得机会，为我院持续抓好审判主业、着力提升工作质效、全面培养人才骨干提供了坚实抓手和有益载体，也实现了我院与出版单位全面合作、协同共进的多年愿望。

奉法者强则国强，奉法者弱则国弱。我们将时刻牢记职责使命，以党和国家大局为重，以最广大人民利益为念，坚守法治精神、忠诚敬业、锐意进取、勇于创新，与广大法界同人携手奋进，努力为中国特色社会主义法治国家建设作出更大的贡献。

是为序。

北京市密云区人民法院

党组书记、院长　刘玉民

2022年10月

前言

社会进步的标志之一是法治的完善。21世纪中后期，中国将步入老年社会，而当今作为弱势群体的老年人的合法权益常常受到非法干涉，如何为他们撑起法律的保护伞是摆在全社会面前的一大难题。老年人由于身体原因从工作岗位离退，需要完成一系列社会角色的转换，在这一过程中，老年人除了要调整好自己的心态，做好心理上的准备之外，还应对将要面临的一个个具体问题有所了解、有所知悉。其中有很多属于法律领域，如果老年朋友们能了解它们、掌握它们，在自己的生活中就能多一份清醒、少一份盲从，而不致“事到临头”不知所措或在“无知”中丧失了自己的权利。

本书是“法官谈维权系列”丛书的组成部分，密切结合新出台、新修订的法律、法规和司法解释，将民法典、老年人权益保障法、《最高人民法院关于适用〈中华人民共和国民法典〉婚姻家庭编的解释（一）》、《最高人民法院关于适用〈中华人民共和国民法典〉继承编的解释（一）》等基本理论和实践发展结合起来。通过对一些日常生活中的典型案例进行解析，试图将抽象的法律知识简易化。对老年人的各项权益，包括获得赡养权、收养权、婚姻权、遗赠扶养权、继承权、社会保障权、参与社会发展权、民事权益及其维护、刑事权益及其维护等进行了深入浅出的解说。本书语言简洁、行文流畅、通俗易懂、寓意深刻、说理于民，为老年人权益保障事业提供了一本非常有益的参考读物。本书不仅适合老年人群体为了解法律知识、维护自身的合法权益去阅读，也适合有关机关与社会组织的工作人员、学校师生，以及各种知识文化层次的中青年读者阅读。

本书广泛参考了现有的研究成果与资料，中国民主法制出版社编审逯卫光、北京市密云区人民法院教育培训科负责人杨雪做了大量的协调工作，在此一并表示衷心的感谢。

编　者

2022 年 10 月

目录 CONTENTS

第一章　老年人婚姻家庭权益保护

1. 子女干涉母亲黄昏恋，老年人应当如何维权？

【维权要点】

我国老年人的婚姻自由受法律保护。子女或者其他亲属不得干涉老年人离婚、再婚及婚后的生活。赡养人的赡养义务不因老年人的婚姻关系变化而消除。子女干涉母亲的婚姻自由，可以通过说服教育的方法解决，也可以通过训诫等方法。如果子女采取了暴力手段干涉母亲的婚姻，一旦构成暴力干涉婚姻自由罪，则可以采用刑罚的方法对他进行处罚。

【典型案例】

50 多岁的冯大妈年轻时丧夫，含辛茹苦地把儿子拉扯大。现如今儿子已成家单过，她一个人深感老年生活的孤独和寂寞。为了有个生活依靠，冯大妈想找一个老伴儿，谁知却引发了一场家庭风波。儿子听说母亲要再婚的消息后，就来找母亲质问。当冯大妈将实情相告，期望得到儿子的理解和支持时，却遭到了儿子强烈的反对。儿子认为母亲这是非分之想，老没出息，丢尽了他的脸，母子俩发生了争执。儿子的行为伤透了母亲的心，冯大妈将儿子告到法院，要求儿子不再干涉自己的婚姻。

【法官讲法】

在我国，由于封建婚姻制度残余和思想的影响，以及某些旧的习惯势力的存在，在全国许多地方还不时发生干涉婚姻自由的现象。比如，包办、买卖婚姻，非法阻挠子女的婚事，阻挠并非近亲的同姓男女结婚，干涉寡妇再婚，子女干涉父母再婚或复婚，强制或阻挠当事人离婚，等等。其中甚至还出现了一些采取禁闭、捆绑、殴打等暴力手段干涉他人婚姻自由的情况，其危害程度相当严重。这些都是对我国社会主义婚姻制度的破坏，违背了民法典的基本原则。

我国民法典第 1041 条第 2 款、第 3 款规定，实行婚姻自由、一夫一妻、男女平等的婚姻制度。保护妇女、未成年人、老年人、残疾人的合法权益。婚姻自由是民法典婚姻家庭编的首要原则，也是我国宪法赋予公民的一项基本权利。它是指婚姻当事人有权按法律的规定，决定自己的婚姻问题，不受任何人的强迫或干涉。婚姻自由是社会主义婚姻、家庭制度的重要基石，是我国公民的基本权利，也是民法典规定的原则之一。民法典第 1042 条中明确规定，禁止包办、买卖婚姻和其他干涉婚姻自由的行为。这是民法典对婚姻自主权的规定。老年人的婚姻自由权包括结婚和离婚两个方面的自由。民法典第 1069 条规定：“子女应当尊重父母的婚姻权利，不得干涉父母离婚、再婚以及婚后的生活。子女对父母的赡养义务，不因父母的婚姻关系变化而终止。”同时，我国刑法第 257 条规定：“以暴力干涉他人婚姻自由的，处二年以下有期徒刑或者拘役。犯前款罪，致使被害人死亡的，处二年以上七年以下有期徒刑。第一款罪，告诉的才处理。”这些规定，切实保障公民的婚姻自由，对巩固和发展社会主义婚姻家庭制度，维护社会的安定团结，促进社会主义现代化建设都有着非常重要的作用。

本案中，冯大妈的儿子对冯大妈婚姻的干涉如果没有采取暴力手段，可以通过说服教育的方法解决，也可以通过训诫等方法解决；如果他采取了暴力手段干涉母亲的婚姻，一旦构成暴力干涉婚姻自由罪，则可以采用刑罚的方法对他进行处罚。

【法条指引】

中华人民共和国民法典

第一千零四十一条 婚姻家庭受国家保护。

实行婚姻自由、一夫一妻、男女平等的婚姻制度。

保护妇女、未成年人、老年人、残疾人的合法权益。

第一千零四十二条 禁止包办、买卖婚姻和其他干涉婚姻自由的行为。禁止借婚姻索取财物。

禁止重婚。禁止有配偶者与他人同居。

禁止家庭暴力。禁止家庭成员间的虐待和遗弃。

第一千零六十九条　子女应当尊重父母的婚姻权利，不得干涉父母离婚、再婚以及婚后的生活。子女对父母的赡养义务，不因父母的婚姻关系变化而终止。

2. 老年夫妻感情不和，能否拒绝履行扶助义务？

【维权要点】

夫妻之间有互相扶助的义务，夫妻双方都应自觉履行这一法律义务，尤其在一方年老体弱多病或丧失劳动能力、生活困难的情况下，有负担能力的另一方，应该主动履行扶养义务。一方不履行扶养义务时，需要扶养的一方，有要求对方付给扶养费的权利。

【典型案例】

张某（男）系早年的大学毕业生，“文化大革命”期间迫于无奈在农村与比自己大5岁的刘某（女）结婚，并生有一子。由于刘某文化程度很低，夫妻之间一直没有共同语言。改革开放后，张某回到以前在城里的单位上班，长期居住在单位，很少回家，夫妻感情日渐淡漠，仅维系着表面上的夫妻关系。随着年龄的增长，刘某的身体越来越差，在64岁时患脑血栓瘫痪在床，且没有其他生活来源。为治病，刘某四处求医，开销很大，无力负担，而张某却不愿为重病的妻子提供医疗费用。刘某在无奈之下诉诸法院，要求张某为其支付医疗费，承担扶养义务。在诉讼中，张某以与刘某夫妻感情不和为由拒绝扶养妻子。

【法官讲法】

所谓扶养，是指一定亲属之间互相供养和扶助的法定义务，它既包括经济上的供养，也包括精神上的扶助。它是一定亲属间伦理关系在民事法律上的表现，对于保障老弱病残者的生活，稳定家庭关系，促进社会安定和文明发展进步具有重要意义。

我国民法典第1059条规定：“夫妻有相互扶养的义务。需要扶养的一方，在另一方不履行扶养义务时，有要求其给付扶养费的权利。”由此规定我们可以看出，我国有关夫妻间互相扶养的规定具有如下特点：一是夫妻间的扶养义务是基于夫妻双方婚姻的效力而产生的，是夫妻间财产关系的一项重要内容；二是夫妻间的相互扶养既是义务，又是权利，即夫妻都有扶养对方的义务，也都有接受和要求对方扶养的权利；三是夫妻间的相互扶养义务是无条件的，只要一方需要扶养，另一方必须扶养，不必附加任何条件；四是夫妻间相互扶养的义务具有法律的强制性，即扶养义务必须履行，如不履行，则需要扶养的一方有权要求对方承担扶养责任。

关于扶养的方式，一种是共同生活扶养，即被扶养人与扶养义务人同住一起；另一种是定期支付扶养费，或以实物进行扶养，包括定期的体力上的扶助、精神上的慰藉。夫妻之间的扶养费应当包括日常生活起码的生活费、医疗费、护理费等一切费用。

夫妻间的扶养可以因一定法律事实的出现而归于终止，一般来说，夫妻间扶养义务消灭的原因有三：（1）当事人死亡。扶养权利人或扶养义务人一方死亡，扶养义务即消灭。（2）当事人身份改变。夫妻离婚，可导致夫妻扶养义务消灭。（3）扶养要件消灭。扶养权利人放弃扶养请求权、扶养义务人丧失扶养能力等，也可导致夫妻间扶养义务消灭。

总之，夫妻之间的扶养义务是互相的，夫妻双方都应自觉履行这一法律义务，尤其在一方年老体弱多病或丧失劳动能力、生活困难的情况下，有负担能力的另一方，应该主动履行扶养义务。如果借故不尽扶养义务，就是违法的，也极不道德。

本案中，刘某与张某虽感情不深，但二人仍是夫妻，双方仍负有互相扶养的法定义务。刘某要求张某支付治疗期间的医疗费等费用属夫妻间扶养费的范围，张某应予承担。张某以与刘某感情不和为由拒绝承担扶养义务，是不正确的。张某应在刘某生病期间给予刘某生活上的照料及精神上的安慰。

【法条指引】

中华人民共和国民法典

第一千零五十九条　夫妻有相互扶养的义务。

需要扶养的一方，在另一方不履行扶养义务时，有要求其给付扶养费的权利。

3. 老年人草率再婚，能否解除婚姻关系？

【维权要点】

老年人婚前缺乏了解，草率结婚，婚后未建立起夫妻感情，难以共同生活的。法院应该在调解和好无望的情况下，依法判决双方离婚。

【典型案例】

谢女士年逾半百，几个月前老伴不幸去世。谢女士怕拖累孩子，想找一个生活依靠。于是，她就急于找伴侣成家。经人介绍，谢女士认识了刚刚失去老伴的黄先生。两人一见钟情，在见了几次面后，双方就仓促结婚了。由于两人婚前了解得不够深入，在婚后共同生活中才发现双方在性格、意趣、生活习惯等方面存在很大差异，很快就没有了共同语言。而且两人又没有什么感情基础，各自的老伴去世的时间也都不长，很快就摩擦不断，开始了唇枪舌剑的日子。不久，谢女士向法院起诉离婚。

【法官讲法】

我国民法典第 1079 条第 2 款规定："人民法院审理离婚案件，应当进行调解；如果感情确已破裂，调解无效的，应当准予离婚。""感情破裂"与否作为审理离婚案件的关键，认定了感情破裂就可以判决离婚，否则就不应判决离婚。双方当事人之间的感情破裂与否，也是人民法院判离或判不离的法定标准。为更好地掌握标准，民法典婚姻家庭编专门规定了几项"硬性的指标"，作为认定夫妻感情是否破裂的依据：（1）重婚或者与他人同居的。所谓"有配偶者与他人同居"，是指有配偶者与婚外异性，不以夫妻名义持续、稳定地共同居住。如果以夫妻名义持续、稳定地共同居住，则构成重婚。（2）实施家庭暴力或虐待、遗弃家庭成员的。所谓"家庭暴力"，是指行为人以殴打、捆绑、残害、强行限制人身自由或者其他手段，给其家庭成员的身体、精神等方面造成一定伤害后果的行为。持续性、经常性的家庭暴力，构成虐待。（3）有赌博、吸毒等恶习屡教不改的。（4）因感情不和分居满两年的。

本案中，谢女士和黄先生属于"婚前缺乏了解，草率结婚，婚后未建立起夫妻感情，难以共同生活的"情形，因此法院应该在调解和好无望的情况下，依法判决双方离婚。

【法条指引】

中华人民共和国民法典

第一千零七十九条 夫妻一方要求离婚的，可以由有关组织进行调解或者直接向人民法院提起离婚诉讼。

人民法院审理离婚案件，应当进行调解；如果感情确已破裂，调解无效的，应当准予离婚。

有下列情形之一，调解无效的，应当准予离婚：

（一）重婚或者与他人同居；

（二）实施家庭暴力或者虐待、遗弃家庭成员；

（三）有赌博、吸毒等恶习屡教不改；

（四）因感情不和分居满二年；

（五）其他导致夫妻感情破裂的情形。

一方被宣告失踪，另一方提起离婚诉讼的，应当准予离婚。

经人民法院判决不准离婚后，双方又分居满一年，一方再次提起离婚诉讼的，应当准予离婚。

4. 老年人再婚前对财产有约定，离婚时应当如何分配？

【维权要点】

根据我国民法典的规定，夫妻对婚姻关系存续期间所得的财产以及婚前财产的约定，对双方具有约束力。因此，老年人再婚前对财产有约定的，离婚时应按照双方约定进行处理分配。

【典型案例】

常老先生71岁了，因原老伴前几年去世后，一人生活感到很孤独，于一年前与离异的王某再婚。再婚前约定他的5万元存款和一套住房属于其个人财产。一年多来，常老先生发现新娶的老伴不和他好好地过日子，而是他给自己找了个“管家”，常老先生被“管家”使唤得有苦说不出，只能叹气。无奈之下，常老先生诉诸法院，要求离婚，但王某却提出要将常老先生的5万元存款和住房作为夫妻财产进行分割。

【法官讲法】

我国民法典第1062条规定："夫妻在婚姻关系存续期间所得的下列财产，为夫妻的共同财产，归夫妻共同所有：（一）工资、奖金、劳务报酬；（二）生产、经营、投资的收益；（三）知识产权的收益；（四）继承或者受赠的财产，但是本法第一千零六十三条第三项规定的除外；（五）其他应当归共同所有的财产。夫妻对共同财产，有平等的处理权。"第1063条规定："下列财产为夫妻一方的个人财产：（一）一方的婚前财产；（二）一方因受到人身损害获得的赔偿或者补偿；（三）遗嘱或者赠与合同中确定只归一方的财产；（四）一方专用的生活用品；（五）其他应当归一方的财产。"第1065条规定："男女双方可以约定婚姻关系存续期间所得的财产以及婚前财产归各自所有、共同所有或者部分各自所有、部分共同所有。约定应当采用书面形式。没有约定或者约定不明确的，适用本法第一千零六十二条、第一千零六十三条的规定。夫妻对婚姻关系存续期间所得的财产以及婚前财产的约定，对双方具有法律约束力……"

可见，离婚时并非所有财产都要平均分配，而仅仅是对于夫妻共同财产进行分割。而夫妻共同财产如果没有相应的约定，那么根据法律的规定是实行婚后所得共同所有，也就是分割的部分仅仅是结婚后这段时间内的所得，双方所约定的再婚前属于一方所有的财产不在分割之列。

本案中，常老先生与王某结婚前已经约定他的5万元存款和住房是他的个人财产，因此不应该作为夫妻共有财产进行分割。

【法条指引】

中华人民共和国民法典

第一千零六十二条 夫妻在婚姻关系存续期间所得的下列财产，为夫妻的共同财产，归夫妻共同所有：

（一）工资、奖金、劳务报酬；

（二）生产、经营、投资的收益；

（三）知识产权的收益；

（四）继承或者受赠的财产，但是本法第一千零六十三条第三项规定的除外；

（五）其他应当归共同所有的财产。

夫妻对共同财产，有平等的处理权。

第一千零六十三条 下列财产为夫妻一方的个人财产：

（一）一方的婚前财产；

（二）一方因受到人身损害获得的赔偿或者补偿；

（三）遗嘱或者赠与合同中确定只归一方的财产；

（四）一方专用的生活用品；

（五）其他应当归一方的财产。

第一千零六十五条 男女双方可以约定婚姻关系存续期间所得的财产以及婚前财产归各自所有、共同所有或者部分各自所有、部分共同所有。约定应当采用书面形式。没有约定或者约定不明确的，适用本法第一千零六十二条、第一千零六十三条的规定。

夫妻对婚姻关系存续期间所得的财产以及婚前财产的约定，对双方具有法律约束力。

夫妻对婚姻关系存续期间所得的财产约定归各自所有，夫或者妻一方对外所负的债务，相对人知道该约定的，以夫或者妻一方的个人财产清偿。

5. 一方以对方虐待老人为由起诉离婚，应否给予支持？

【维权要点】

根据我国法律规定，家庭成员间应当敬老爱幼，互相帮助，维护平等、和睦、文明的婚姻家庭关系。禁止家庭成员间的虐待和遗弃。

【典型案例】

李某与陈某结婚已经30年。在他们进入老年的时候，双方的父母已经逐渐丧失了生活自理能力，作为儿子的李某不得不将父母接到家中共同生活。一直没有与公婆生活过的陈某将公婆看成了眼中钉肉中刺，对公婆由冷眼相待慢慢变成谩骂甚至殴打。李某多次劝解、教育，但陈某不但毫无改意，反而变本加厉。多次吵闹之后，灰心之极的李某以陈某虐待公婆为由要求离婚。

【法官讲法】

一般来说，应当从两方面来确定“夫妻感情确已破裂”这个标准。第一，从宏观上，科学把握中国现阶段经济发展水平上的婚姻关系的内涵及其婚姻质量状况，从而正确掌握一个婚姻纠纷的处理方案给当事人双方及亲属，给社会秩序与正义乃至经济发展带来的影响，并自觉地适用审判手段唤起人们的良知，把婚姻关系不断引向健康发展的轨道；第二，从微观上，灵活把握不同案件的不同特点，针对当事人不同的个性特征，正确判断当事人之间的感情状态。

我国民法典第1042条第3款规定：“禁止家庭暴力。禁止家庭成员间的虐待和遗弃。”第1043条第2款中规定：“家庭成员应当敬老爱幼，互相帮助，维护平等、和睦、文明的婚姻家庭关系。”

同时，我国的宪法、老年人权益保障法都规定，保护老年人的合法权益，禁止家庭成员间的虐待和遗弃。所以陈某虐待老人的行为，既违反社会主义道德，也是法律所禁止的。如果她坚持不改正错误做法，对夫妻感情绝对是一种极大的伤害，李某的父母还可以以此追究她的民事甚至刑事责任。

因此，法院应该认定李某与陈某之间的夫妻感情破裂，支持李某的诉讼请求。

【法条指引】

中华人民共和国民法典

第一千零四十二条　禁止包办、买卖婚姻和其他干涉婚姻自由的行为。禁止借婚姻索取财物。

禁止重婚。禁止有配偶者与他人同居。

禁止家庭暴力。禁止家庭成员间的虐待和遗弃。

第一千零四十三条　家庭应当树立优良家风，弘扬家庭美德，重视家庭文明建设。

夫妻应当互相忠实，互相尊重，互相关爱；家庭成员应当敬老爱幼，互相帮助，维护平等、和睦、文明的婚姻家庭关系。

6. 老年人再婚，一方子女应否赡养另一方？

【维权要点】

继父母子女关系在符合法律规定的条件下，产生一定的权利义务关系。再婚后的老年人都有自己亲生子女的，其各自的子女应承担赡养义务。再婚后，对其配偶的子女尽了抚养教育义务的，可向其配偶的子女，也即继子女提出赡养要求。这种情况下，老年人可以同时或者分别向自己的子女和已经形成抚养关系的继子女提出赡养要求。但继子女未成年时没有与继父母共同生活并受继父母长期抚养、教育的，继父母无权要求继子女赡养自己。

【典型案例】

周老汉现已 70 岁，中年丧偶之后一直寡居，靠着务农将三个儿子养大，前些年最小的儿子也结婚搬进了新房，原来的家就剩下周老汉一人，显得空荡荡的。2020 年 8 月，周老汉的隔壁搬来了新邻居李某，这是一位从异地来探亲的老太太。李某非常热心，经常帮周老汉做些家务，空闲的时候也经常聊天，周老汉也觉得家里多了一个人不再那么冷清。2021 年 5 月，两位老人终于走到一起，婚后的生活给周老汉带来了许多的快乐，可是开支的增加却使他很无奈，因为儿子每月只给自己一定的赡养费，却不愿意给付李某的赡养费。最终周老汉决定诉诸法院。

【法官讲法】

父母子女关系亦称亲子关系，是家庭关系的重要组成部分。我国法律规定的父母子女关系主要有四个方面的内容：一是父母对子女有抚养教育的义务，抚养是指父母从物质上、经济上对子女的养育和照料，教育是指父母在思想、品德、学业等方面对子女的全面培养；二是父母有管教和保护未成年子女的权利和义务，当未成年子女对国家、集体或他人造成损害时，父母有赔偿经济损失的义务；三是子女对父母有赡养扶助的义务；四是父母子女有相互继承遗产的权利。

父母与子女之间的关系不因父母离婚而消除。离婚后，子女无论由父方或母方抚养，仍是父母双方的子女。因为父母子女关系是一种血亲关系，不能通过法律程序人为地加以终止；因收养而形成的养父母与养子女关系除非依法解除收养关系，也不能因为养父母离婚而消除。离婚后，养父母对养子女仍有抚养教育的权利和义务。

继父母和继子女的关系，是由于父母一方死亡，另一方带子女再婚，或者父母离婚后另行再婚而形成的。继父或继母与继子女之间的关系同亲生子女与父母的关系在法律上的区别，就是他们之间不一定发生父母子女之间的权利义务关系。

一般情况下，继父母与继子女的关系因婚姻而派生，是一种姻亲，但是继父母与继子女存在实际的抚养教育关系的，即构成事实的收养关系，双方关系就成了拟制血亲。我国民法典第1072条第2款规定："继父或者继母和受其抚养教育的继子女间的权利义务关系，适用本法关于父母子女关系的规定。"也就是说，以继父母抚养教育继子女为法定条件，双方便形成了法律拟制的血亲，产生与生父母子女相同的权利和义务。继养包括继父母对继子女的抚养教育，也包括继子女对继父母的赡养扶助；继子女与继父母形成继养关系后，与生父母仍然保持权利义务关系，存在双重的权利义务关系；继子女与生父母的近亲属间的权利义务，不因继养关系的成立而消除。

继子女，是指丈夫对妻子与前夫所生子女或妻子对丈夫与前妻所生子女的称谓。继父母子女关系是在继父母和继子女间形成的亲属关系，这种关系是因子女的生父或生母再婚而产生的。继父母子女关系在符合法律规定的条件下，产生一定的权利义务关系。再婚后的老年人与其子女、继子女之间的关系，要作具体分析：一是再婚后的老年人都有自己生育的子女的，其各自的子女应承担赡养义务；二是再婚后，对其配偶的子女尽了抚养教育义务的，可向其配偶的子女，也即继子女提出赡养要求。也就是说，这类老年人，可以同时或者分别向自己的子女和已经形成抚养关系的继子女提出赡养要求。但继子女未成年时没有与继父母共同生活并受继父母长期抚养、教育的，继父母无权要求继子女赡养自己。

在本案中，周老汉和李某应分别要求各自的子女承担赡养义务。

【法条指引】

中华人民共和国民法典

第一千零七十二条 继父母与继子女间，不得虐待或者歧视。

继父或者继母和受其抚养教育的继子女间的权利义务关系，适用本法关于父母子女关系的规定。

7. 夫妻一方死亡后，另一方应否对死者的父母尽赡养义务？

【维权要点】

家庭成员应当关心和照料老年人，赡养人对老年人应该履行经济上供养、生活上照料和精神上慰藉的义务，照料老年人的特殊需要。赡养人是指老年人的子女以及其他依法负有赡养义务的人。夫妻一方死亡后，另一方对死者的父母没有赡养义务。

【典型案例】

张某生育一子一女，张甲和张乙。老伴早逝，张甲结婚后与妻子刘某另购房屋居住他处，女儿出嫁后也与丈夫在别处居住。2020 年，张甲意外身亡，刘某一直没有再婚，但经常来看望张某，张某见刘某生活困难，便对其进行资助。2021 年 1 月 28 日，张某突发脑出血，失去生活自理能力。张某认为刘某是自己的儿媳，儿子去世后自己也对其资助过，因此要求刘某赡养自己，刘某以自己不是赡养义务人为由拒绝，张某遂将刘某诉诸法院。

【法官讲法】

按照老年人权益保障法规定，老年人养老主要依靠家庭，家庭成员应当关心和照料老年人，赡养人对老年人应该履行经济上供养、生活上照料和精神上慰藉的义务，照料老年人的特殊需要。赡养人是指老年人的子女以及其他依法负有赡养义务的人。民法典第 1067 条第 2 款规定：“成年子女不履行赡养义务的，缺乏劳动能力或者生活困难的父母，有要求成年子女给付赡养费的权利。”民法典第 1074 条第 2 款规定：“有负担能力的孙子女、外孙子女，对于子女已经死亡或者子女无力赡养的祖父母、外祖父母，有赡养的义务。”

本案中，当张某之子张甲活着时，作为妻子的刘某有协助丈夫履行赡养张某的义务，但张甲去世后，因为张某并未与他们共同居住，不能认定为家庭成员。张甲死亡后，张某对刘某的资助只能看作是一种情义上的赠与，不能看作是张某对儿媳履行了义务，因此权利与义务相一致的说法不能成立。民法典继承编中关于丧偶儿媳对公、婆，丧偶女婿对岳父、岳母，尽了主要赡养义务可以作为第一顺序继承人的规定，主要是针对继承遗产而设立的，而不是赡养义务。从规定的内容本身来看，丧偶儿媳对老人的赡养义务不是强制性的。只是丧偶儿媳或者丧偶女婿在主动履行赡养义务后，从法律公平的角度作出此规定。另外，张某还有一女张乙，并非无依靠。因此，刘某并没有赡养张某的义务。

【法条指引】

中华人民共和国民法典

第一千零六十七条　父母不履行抚养义务的，未成年子女或者不能独立生活的成年子女，有要求父母给付抚养费的权利。

成年子女不履行赡养义务的，缺乏劳动能力或者生活困难的父母，有要求成年子女给付赡养费的权利。

第一千零七十四条　有负担能力的祖父母、外祖父母，对于父母已经死亡或者父母无力抚养的未成年孙子女、外孙子女，有抚养的义务。

有负担能力的孙子女、外孙子女，对于子女已经死亡或者子女无力赡养的祖父母、外祖父母，有赡养的义务。

8. 女儿在世但丧失赡养能力，外祖父母能否要求外孙子女赡养？

【维权要点】

我国民法典规定，有负担能力的孙子女、外孙子女，对于子女已经死亡或者子女无力赡养的祖父母、外祖父母，有赡养的义务。因此，女儿在世但丧失赡养能力，外祖父母可以要求外孙子女履行赡养义务。

【典型案例】

王某夫妇生有一男一女，女儿出嫁外地后生有一男一女，儿子因车祸去世。王某夫妇85岁那年，已经61岁的女儿患偏瘫卧床，并因此丧失了生活自理能力。在丧失了劳动能力，又没有其他收入的情况下，王某夫妇的女儿自然无力赡养王某夫妇。这时，王某夫妇的外孙子女都已参加工作，且收入不菲，经济条件较好。可是当王某夫妇向他们提出给付赡养费时，二人却均认为自己需要赡养母亲，对外祖父母没有赡养义务，表示只能适当援助。无奈之下，王某夫妇将两个外孙子女诉诸法庭。

【法官讲法】

我国民法典第1074条第2款规定：有负担能力的孙子女、外孙子女，对于子女已经死亡或者子女无力赡养的祖父母、外祖父母，有赡养的义务。这是我国法律对隔代赡养作出的直接规定。所谓隔代赡养，是指直系尊亲属与卑亲属之间的赡养关系。隔代赡养不仅仅是中华民族尊老爱幼美德的体现，也是我国的一项法律制度。

在本案中的赡养问题上，与其说是法律适用的障碍，不如说是风俗习惯的障碍。我国的习俗是下一辈养上一辈，隔代没有赡养义务；儿子有赡养父母的义务，女儿则没有。这一问题的存在，在一定程度上影响老年人的赡养保障，影响老年人合法权益的维护，需要加强宣传教育，纠正错误观念。本案中，王某夫妇的女儿患偏瘫卧床，丧失了赡养老人的能力，其外孙子女就应当担负起赡养王某夫妇的法定义务。人民法院应该判令王某夫妇的外孙子女履行赡养义务。

【法条指引】

中华人民共和国民法典

第一千零七十四条 有负担能力的祖父母、外祖父母，对于父母已经死亡或者父母无力抚养的未成年孙子女、外孙子女，有抚养的义务。

有负担能力的孙子女、外孙子女，对于子女已经死亡或者子女无力赡养的祖父母、外祖父母，有赡养的义务。

9. 精神赡养是否在赡养案件受理范围内?

【维权要点】

我国老年人权益保障法规定，赡养人应当履行对老年人经济上供养、生活上照料和精神上慰藉的义务，照顾老年人的特殊需要。因此，赡养包括物质赡养和精神赡养两个层面。精神赡养是赡养人应当履行对老人生活上的照料和精神上的慰藉的义务，照顾老人的特殊需要。精神赡养应当在赡养案件的受理范围内。

【典型案例】

戴老汉将儿女培养成人，已经退休在家的他看见儿女们都在外面忙忙碌碌，自己虽然高兴，但同时也觉得十分孤独失落，因为忙碌的儿女们很少回家看望自己，虽然退休金比较丰厚，但总觉得孤单了一些。在老伴去世后，这种失落感就更加强烈，可是自己又觉得无法向儿女开口，于是他向法院起诉，要求儿女每月给付自己赡养费 200 元，并每月来探望自己一次。

【法官讲法】

老年人权益保障法在总则中明确规定，禁止歧视、侮辱、虐待或者遗弃老年人；全社会应当广泛开展敬老、养老、助老宣传教育活动，树立尊重、关心、帮助老年人的社会风尚。该法第 14 条第 1 款明确规定：赡养人应当履行对老年人经济上供养、生活上照料和精神上慰藉的义务，照顾老年人的特殊需要。可见，赡养包括物质赡养和精神赡养两个层面。精神赡养是赡养人应当履行对老人生活上的照料和精神上的慰藉的义务，照顾老人的特殊需要。赡养人履行精神赡养义务，一般应该包括以下几种方式：

1. 人格上尊重，满足自尊的需求。老年人耗尽半生心血才将子女养育成人，自然更希望得到子女的尊重。尊敬老年人，适当满足老年人的需求，在我们国家是一种传统美德。

2. 生活上关心，满足求助的愿望。随着年龄增长，很多事情老人已力不从心了，小到穿针引线，大至粗重笨活儿，都需要后生晚辈主动关心。如果患病卧床，就更需要别人的帮助。

3. 精神上安慰，满足依存的需求。老年人普遍感到孤独，他们希望享受天伦之乐，得到家庭温暖。子女书信问候，节假日探访，捎一点老人喜欢的食物，甚至小辈们的亲近与求教，都将使老人感到莫大的欣慰。

4. 言语上沟通，排遣寂寞的需要。老年人在休闲时常会产生一种失落感、自卑感和孤独感，尤其是儿孙们上班或上学后。与人言语交流与沟通，可健脑益神，也可从聊天中增长知识，获得信息，同时还可排遣寂寞。一旦有空儿，到左邻右舍或老朋友家里坐坐，如此会使生活变得丰富多彩而不单调寂寞，对调节情绪、宽阔胸怀、增强机体免疫力大有益处。

5. 环境优美，满足舒适的需求。老年人有要求生活环境好些，以满足其舒适感的需要。设置活动场地保证老年人进行锻炼，可以助其身心健康，同时通过参加活动可结交新的朋友，以排除孤独感。生活环境对一个人的身心健康影响很大，在城市建设时，要给老人健身、娱乐、养老多留些空间，以满足他们欢度晚年的心理需求。老年人需要有一个整洁、优雅、舒适、安静的环境，这是老年人休养生息、健康长寿的条件。

6. 要注意满足不同的心理需求。长期患病的老年人心理变化是复杂的，由健康人转变为“病人角色”会很不适应，内心向往健康，便产生焦虑不安、烦躁情绪，他们需要得到安慰、支持和帮助。通过家属、子女的关怀、照顾，可以使老年人在患病期间安心养病，保持心情愉快，早日痊愈。

7. 善待居丧老人。居丧老年人（指近期内失去配偶的老年人）的心理活动变化剧烈，很多人由于不能较快地适应新情况，健康状况急剧恶化。一位研究者指出，居丧老年人的心理活动变化可分为七个阶段：震惊、心情纷乱、强烈的情绪波动、有罪感、孤独、宽慰自己、重建新的心理模式。因此，我们应尽可能设法缩短这些阶段，尽快恢复其正常的心理活动。子女应该理解他们心理活动的变化，主动体贴关心他们，支持老年人的各项正当活动，鼓励老人追求积极的生活方式，建立新的依恋关系。只要居丧老年人能有效地控制自己的心理活动，再加上子女和其他方面积极配合，他们的心理适应就会尽快建立起来。

本案中，应当依法支持戴老汉的诉讼请求。

【法条指引】

中华人民共和国老年人权益保障法

第十四条　赡养人应当履行对老年人经济上供养、生活上照料和精神上慰藉的义务，照顾老年人的特殊需要。

赡养人是指老年人的子女以及其他依法负有赡养义务的人。

赡养人的配偶应当协助赡养人履行赡养义务。

10. 女婿不赡养岳母，能否成为被告？

【维权要点】

父母要求子女支付赡养费的赡养案件中，要确定儿媳或女婿的责任和在案件中的法律地位，必须考虑父母赡养费的支出是否占用夫妻双方共同财产，以区别对待。

【典型案例】

85 岁高龄的王老太有子女 4 个，在王老太生活不能自理的情况下，大女儿张某及大女婿刘某拒不履行赡养义务，并于除夕之夜将王老太赶出家门。在多方劝说没有效果的情况下，王老太愤怒地将大女儿张某及其丈夫刘某共同作为被告诉诸法庭。在案件的审理过程中，对于大女婿刘某是否应作为被告存在两种不同的意见：一种意见认为，刘某应作为被告，即使王老太的女儿张某愿意尽其赡养义务，也需要爱人刘某的全力协助，因此将夫妻二人作为被告更有利于解决王老太的赡养问题。另一种意见认为，我国现行法律没有明文规定女婿应尽赡养岳父母的义务，因此，将女婿作为被告没有法律依据，只能将王老太的女儿张某作为被告。

【法官讲法】

女儿对父母有赡养的义务，女婿有协助妻子赡养其父母的义务。赡养案件，本质是子女给予老人生活照顾、精神安慰。夫妻双方是以感情纽带结合在一起，共同生活、互相照顾的婚姻家庭关系的特殊主体。民法典第 1050 条规定，女方可以成为男方家庭的成员，男方可以成为女方家庭的成员。这样由于男女双方的结合使原有的家庭发生变化，产生新的婚姻家庭关系，从而使原有的家庭经济也发生了变化，出现了夫妻双方共同财产。按民法典第 1062 条第 2 款的规定，夫妻对共同财产有平等的处理权。因此，在赡养案件中，必须考虑父母赡养费的支出是否占用了夫妻双方共同财产。这就决定了儿媳或女婿在赡养案件中的法律地位。

如果在父母仅要求子女支付赡养费的前提下，情况不同，其配偶的法律地位也不同。

第一种情况，如果夫妻在婚姻关系存续期间，有赡养义务的一方丧失了民事行为能力，以另一方的收入来承担和维持家庭生活。这种情况下，有赡养义务一方的诉讼权利就应由其配偶行使，配偶就成为赡养义务的承担者，在赡养案件中就应该以法定代理人身份出现。

第二种情况，如果夫妻对婚姻关系存续期间所得财产约定归各自所有、管理和支配。这表明夫妻间的财产所有权相当明确，赡养费只是子女一方用自己的收入支出，根本没有占用配偶的财产。无论赡养费用的高与低，对配偶都没有任何影响和约束。因此，配偶可以不参加诉讼。

第三种情况，如果夫妻对婚姻关系存续期间的财产所有权没有明确，即夫妻双方对家庭财产共同享有。这时，在赡养案件中，配偶应是无独立请求权的第三人。无独立请求权的第三人，是指对原被告双方争议的诉讼标的没有独立的请求权，但案件的处理结果可能与其具有法律上的利害关系，为维护自己的权益而参加到已开始的诉讼中进行诉讼的人。

在夫妻财产共同所有的情况下，赡养案件中赡养费用主要是靠夫妻的共同财产支付，这就必然占用配偶的那部分财产。案件的审理结果就必然会影响配偶享有财产所有权的完整性，影响配偶的利益即法律上的利害关系。利益受到影响的一方即配偶，为维护自己的权益应以无独立请求权第三人的身份出现，参加到赡养案件的诉讼当中来。正确审查案件，给配偶以合法的诉讼地位，既体现我国法律的公平、公正、平等性的立法原则，让配偶充分行使诉讼权利，同时，也可以使配偶接受法律教育，懂得赡养老人不但是一种美德，而且是一种义务，有利于案件的解决和家庭矛盾的缓和与解决。

本案中，适合于第三种情况，张某夫妇没有个人财产之分，故刘某可以作为无独立请求权的第三人参加诉讼，不应成为被告。

【法条指引】

中华人民共和国民法典

第一千零五十条 登记结婚后，按照男女双方约定，女方可以成为男方家庭的成员，男方可以成为女方家庭的成员。

中华人民共和国老年人权益保障法

第十四条 赡养人应当履行对老年人经济上供养、生活上照料和精神上慰藉的义务，照顾老年人的特殊需要。

赡养人是指老年人的子女以及其他依法负有赡养义务的人。

赡养人的配偶应当协助赡养人履行赡养义务。

11. 离婚后，继父母能否要求继子女履行赡养义务？

【维权要点】

继父母对继子女履行了抚养、教育义务的，按照权利义务相一致的原则，继子女对继父母也应当承担赡养、扶助的义务。而且，该义务不因继父母与生父母离婚而解除。

【典型案例】

钟某（男，30 岁）与王某（女，26 岁）结婚。钟某与前妻生育了一男（钟甲，7 岁）一女（钟乙，5 岁）。结婚后，王某将全部心血花在了抚育钟某的两个子女身上，直到两个子女长大成人，参加工作。婚后，钟某与王某未生育其他子女。2020 年，钟某有了外遇，夫妻感情恶化，两人协议离婚。在离婚协议中约定，由钟某按月支付给王某生活费。离婚后不久，钟某因生意破产，负债累累，抑郁而终。王某失去了生活来源，提出要钟甲和钟乙赡养自己。钟甲和钟乙认为，王某和自己的生父离婚后，与自己的继母与继子女的关系也随之解除。因此，自己对王某没有赡养义务，不同意支付王某的赡养费。王某向人民法院提起诉讼。

在案件的审理过程中，有两种不同的意见：一种意见认为，王某对钟甲和钟乙履行了抚养教育的义务。根据权利义务相一致的原则，钟甲和钟乙在长大成人，参加工作后，对王某应当尽赡养义务。该义务不因继母与生父离婚而解除。对王某要求钟甲和钟乙支付赡养费的诉讼请求应当予以支持。另一种意见认为，继父母与继子女之间的权利义务关系是法律拟制的血亲关系，与基于血缘而产生的父母子女关系不同。继父母与继子女的关系以姻亲为基础。如果继父或继母与生母或生父离婚，继父母与继子女之间的权利义务关系也就失去了存在的基础。在本案中，王某与钟甲和钟乙的生父已经离婚，双方之间的权利义务关系也随之终止。钟甲和钟乙对王某不再承担赡养义务。因此，王某要求钟甲和钟乙支付赡养费的诉讼请求不应当予以支持。

【法官讲法】

前面的案例中我们有提到，对于继父母与继子女之间的权利义务关系应当具体问题具体分析。如果继父母与生父母结婚时，继子女尚未成年或虽已成年，但因种种原因无法独立生活，接受了继父母抚育的，继父母与继子女之间产生了法律上拟制的血亲关系，彼此之间有父母子女之间的权利义务。继父母对继子女履行了抚养、教育的义务，按照权利义务相一致的原则，继子女对继父母也应当承担赡养、扶助的义务。而且，该义务不因继父母与生父母离婚而解除，否则即违背权利义务相一致的原则，民法典规定的继父母与继子女之间的拟制血亲关系也失去了意义。

在本案中，王某与钟某结婚时，钟甲和钟乙年龄尚小，由王某抚养长大。王某对钟甲和钟乙履行了抚养义务。钟甲和钟乙长大成人后，对没有生活来源的王某要承担赡养的义务。王某在钟某去世后，自己生活无依的情况下，有权要求钟甲和钟乙赡养自己。钟甲和钟乙认为，王某与其生父钟某离婚后，自己与王某的继母与继子女的关系也随之解除，对王某不再承担赡养义务，不同意支付王某的赡养费，没有法律根据。对王某的诉讼请求应当依法予以支持。

【法条指引】

中华人民共和国民法典

第一千零六十九条 子女应当尊重父母的婚姻权利，不得干涉父母离婚、再婚以及婚后的生活。子女对父母的赡养义务，不因父母的婚姻关系变化而终止。

第一千零七十二条 继父母与继子女间，不得虐待或者歧视。

继父或者继母和受其抚养教育的继子女间的权利义务关系，适用本法关于对父母子女关系的规定。

12. 已经解除收养关系，养女应否继续履行赡养义务?

【维权要点】

养父母与成年养子女关系恶化、无法共同生活的，可以协议解除收养关系。收养关系解除后，经养父母抚养的成年养子女，对缺乏劳动能力又缺乏生活来源的养父母，应当给付生活费。

【典型案例】

1988 年 5 月，李某夫妇收养 6 岁的李敏为养女，并将李敏抚养成年。2010 年李敏结婚，仍与李某夫妇共同生活。后因生活琐事，李敏与李某夫妇发生矛盾，遂于 2016 年 5 月 20 日签订书面协议，约定李敏与李某夫妇之间的收养关系解除，李敏补偿李某夫妇在收养期间支出的生活费和教育费 5600 元。协议签订后，李敏按协议支付了补偿费。2021 年 5 月，李某夫妇以李敏由其抚养成年，现夫妇俩年迈体弱、缺乏生活费来源为由，要求李敏给付生活费。而李敏认为双方的收养关系已经解除，其不再负有赡养李某夫妇的义务，要求法院驳回其诉讼请求。

【法官讲法】

本案涉及后赡养义务的问题。所谓后赡养义务，是指养子女与养父母解除收养关系后，对养父母承担的赡养义务。我国民法典第 1118 条明确规定，“收养关系解除后，经养父母抚养的成年养子女，对缺乏劳动能力又缺乏生活来源的养父母，应当给付生活费”。据此，后赡养义务应当具有以下法律特征。（1）后赡养义务产生于养父母与养子女收养关系解除之后，这是后赡养义务的时间特征，也是后赡养义务区别于赡养义务的形式特征之一。（2）后赡养义务的主体是经养父母抚养的成年子女。凡名义上收养，实际上未与养父母共同生活，或者虽经养父母抚养但尚未成年的养子女，不是该义务的主体。（3）后赡养义务的对象是缺乏劳动能力又缺乏生活来源的养父母。这里包括两个要件，一是缺乏劳动能力；二是缺乏生活来源。二者必须同时具备，缺一则不构成后赡养义务的对象。（4）后赡养义务的内容是给付生活费。这是后赡养义务区别于赡养义务的实质特征。正常情况下，一般子女对父母的赡养义务既包括物质赡养即给付生活费，又包括精神赡养，而后赡养义务由于发生在收养关系解除之后，养父母与养子女的关系不复存在的情况下，因此，以解决温饱即生存问题为目的的物质赡养，即给付生活费，成为后赡养义务的显著特征。根据后赡养义务理论，生活费的支付应当符合“必要性”、“可能性”和“连续性”

三个条件。所谓必要性，即以维持基本的生存为要件，不宜提过高的生活要求；所谓可能性，即支付生活费数额的确定，不致造成义务人生活困难为原则；所谓连续性，即不宜搞一次性支付，一次性支付有影响义务人正常生活的可能，而且会导致一段时间后养父母的生活缺乏保障，背离后赡养义务制度设立的本意。

在本案中，李敏虽在解除与李某夫妇收养关系时，一次性补偿了5600元，但当时李某夫妇并未出现生活困难问题。随着时间的推移，二老的年龄不断增长，逐渐丧失了劳动能力，且无生活来源，而所补偿的5600元早已消费完毕。此时二老要求李敏支付生活费，符合民法典的规定，李敏应当按年度根据当地的生活水平和自己的支付能力支付二老的生活费。

【法条指引】

中华人民共和国民法典

第一千一百一十六条 当事人协议解除收养关系的，应当到民政部门办理解除收养关系登记。

第一千一百一十七条 收养关系解除后，养子女与养父母以及其他近亲属间的权利义务关系即行消除，与生父母以及其他近亲属间的权利义务关系自行恢复。但是，成年养子女与生父母以及其他近亲属间的权利义务关系是否恢复，可以协商确定。

13. 父母未尽抚养义务，子女能否以此为由拒绝赡养父母?

【维权要点】

虽然法律没有明文规定，但从理论上讲，如果父母有杀害子女、虐待或遗弃子女等严重伤害父母子女亲情的犯罪行为时，原则上便丧失了要求子女赡养的权利，除非得到子女的宽恕或已经对子女采取了重大的补救措施。而如果父母只是因为生活困难或其他客观原因无力抚养子女的，则子女不能以此为由拒绝赡养父母。

【典型案例】

魏某（男）与容某（女）于1994年登记结婚。婚后，生有一子魏某某。1999 年，魏某因过失杀人被判无期徒刑。魏某入狱后，容某独自抚养魏某某。2001 年，容某因病去世。临终前，容某将魏某某托付给姐姐容某某照顾。魏某某到容某某家后，与容某某以甥姨相称。在为魏某某办理户口登记时，容某某将两人的关系填为甥姨关系。对外，容某某也宣称魏某某是自己的外甥。2017 年，魏某某参加工作并结婚。2018 年，魏某减刑后出狱。魏某出狱后因身体多病，无法参加劳动，没有生活来源。原来在农村的房子因年久失修，早已坍塌。为寻一个栖身之所，魏某找到了儿子魏某某，希望儿子赡养自己。魏某某认为魏某从来没有抚养过自己，自己对魏某也没有赡养义务；并且自己是由容某某夫妇抚养长大，容某某夫妇是自己的养父母，自己应当对容某某夫妇尽赡养义务。因此，坚决不同意魏某的要求。魏某无奈，向人民法院提起了诉讼。

在案件的审理过程中，有两种不同的意见：一种意见认为，容某去世后，魏某某即由容某某夫妇抚养。双方共同生活十几年时间，已经形成了事实上的收养关系。根据民法典的规定，养父母与养子女之间具有父母子女间的权利义务关系；养子女与生父母间的权利义务关系因收养关系的成立而终止。因此，魏某某对魏某没有赡养义务。另一种意见认为，魏某某虽然与容某某夫妇长期共同生活，但双方一直以甥姨相称。在为魏某某办理户口登记时，两人的关系也填为甥姨关系。对外，容某某也宣称魏某某是自己的外甥。同时，容某去世时，只是将魏某某托付给容某某照顾，双方没有建立收养关系的意思。结合以上事实，可以认定魏某某与容某某夫妇是寄养关系，而不是收养关系。因此，魏某某与魏某之间的父子关系并未终止，魏某某对魏某有赡养义务。

【法官讲法】

本案上述争议的实质是魏某某与容某某夫妇之间是否形成了收养关系。如果两者之间形成了收养关系，容某某夫妇作为养父母就有抚养、教育魏某某的义务；魏某某作为养子女就有赡养容某某夫妇的义务，而魏某某与魏某之间的父子关系就因收养关系的成立而终止，魏某某对魏某没有赡养义务。反之，魏某某就应当赡养魏某。

在本案中争议的即是魏某某与容某某夫妇之间是否形成了事实上的收养关系。事实收养关系，是指“未办理一定的法律手续，仅基于客观存在的收养事实而产生的收养关系”[1]。成立事实收养关系应当具备以下几个条件：(1) 收养人与送养人之间在平等自愿的基础上形成收养的合意。收养人有收养他人子女为自己子女的意思表示，送养人有送养自己子女为他人子女的意思表示，双方达成收养的合意，被收养人有识别能力的，还应征得其同意；没有送养人的收养，收养人应当有明显的领养他人子女为自己子女的目的。(2) 有抚养事实。收养人与被收养人之间有长期共同生活的经历，并履行了父母子女间的权利义务。(3) 双方均以父母子女身份相称，有关组织和群众都知道。(4) 养子女与生父母事实上已终止了权利义务关系。[2] 同时，事实收养关系必须是发生在1992年4月1日收养法[3]实施以前。

在审判实践中，寄养与收养比较难以区别，尤其是寄养与事实收养极为相似。二者的主要区别是：收养是收养人按照一定的条件和程序，将他人的子女收养作为自己的子女，使原来没有父母子女关系的人之间，产生法律拟制的父母子女关系。而寄养则是指父母由于某种原因不能或不便直接抚养孩子，将孩子寄托在他人家中，委托他人代为照管抚养，被寄养人的生父母、寄养人以及被寄养人之间并无收养的合意。虽然，寄养人与被寄养人之间可能有着较长的共同生活关系，但是，被寄养人的父母与寄养人之间，只是一种委托关系。因此，无论寄养时间多长，都不引起父母子女关系的变化，被寄养人的父母随时可以解除委托关系，领回自己的子女。在司法实践中，区分收养和寄养关系，要注意抓住以下几点：第一，有无建立收养关系的手续；第二，是否存在事实收养，即相互间是否都公开承认养父母子女关系，孩子与生父母之间的称谓、关系有无变化，养子女与生父母在事实上是否已终止了权利义务关系，是否以子女的身份继承了生父母的遗产；第三，在户籍登记、有关当事人的个人档案登记中，身份关系有无变化。经调查研究，把这些情况弄清，一般是能够确定当事人之间究竟是收养关系还是寄养关系的。

---

[1] 王利明主编：《中国民法案例与学理研究·侵权行为篇、亲属继承篇》，法律出版社1998年版，第430—431页。

[2] 王利明主编：《中国民法案例与学理研究·侵权行为篇、亲属继承篇》，法律出版社1998年版，第430—431页。

[3] 《中华人民共和国收养法》现已失效。

在本案中，魏某某与容某某夫妇长期共同生活，但一直以甥姨相称。在户口上和对外公开的关系中，两人也是甥姨关系。更重要的是，魏某某的生母容某去世时，只是将魏某某托付给容某某照顾，并没有表示将魏某某送养给容某某，容某某也没有收养魏某某的意思，即双方没有建立收养关系的意思。容某的意愿是在魏某服刑期间，魏某某由容某某照顾；等魏某出狱后，再由其将魏某某接回抚养。所以魏某某与容某某夫妇之间不是收养关系，而应当是寄养关系。容某去世时，魏某仍在狱中，魏某某尚年幼，无人照顾，所以将魏某某寄养在容某某处。在容某某夫妇与魏某某之间没有父母子女之间的权利义务关系。魏某某与魏某间的父子关系也不因寄养的事实而发生变化。因此，魏某某与魏某之间的父子关系并未终止，魏某某对魏某有赡养义务。虽然魏某对魏某某没有尽抚养义务，但法律并未规定父母未履行自己对子女的抚养义务，子女就可以免除对父母的赡养义务。在这种情况下，要视当事人的具体情况而定。如果父母有杀害子女、虐待或遗弃子女的犯罪行为，子女对父母的赡养义务解除。但在本案中，魏某并不是不愿意履行抚养子女的义务，有意遗弃魏某某，而是由于坐牢这种无法克服的客观障碍而不能履行对魏某某的抚养义务。所以，不能解除魏某某对魏某的赡养义务。

【法条指引】

中华人民共和国民法典

第一千零六十七条　父母不履行抚养义务的，未成年子女或者不能独立生活的成年子女，有要求父母给付抚养费的权利。

成年子女不履行赡养义务的，缺乏劳动能力或者生活困难的父母，有要求成年子女给付赡养费的权利。

14. 父母有过错，是否可以免除子女的赡养义务？

【维权要点】

父母与子女间的关系，不因父母离婚而消除。离婚后，子女无论由父或母直接抚养，仍是父母双方的子女，成年后对父母双方都有赡养义务。

【典型案例】

近七旬的段某年轻时因生活作风浮华奢靡，乱搞两性关系导致夫妻感情破裂，于2006年与妻子离婚。离婚时，儿子段甲和女儿段乙均已年满10周岁，自愿随母亲一起生活。离婚后，段某继续与他人有不正当关系，多年积蓄挥霍一空。自2020年开始，段某因年老体弱，失去劳动能力，生活十分困难，为维持生计，段某要求两个子女适当给付赡养费，但遭到拒绝。无奈之下，段某向法院提起诉讼，请求判令两个子女给付赡养费。在案件的审理过程中，存在两种不同的意见：一种意见认为，因为段某与妻子离婚是由于段某乱搞两性关系所致，段某存有重大过错；同时，离婚后，段甲、段乙由其母亲抚养，与段某之间的父子、父女关系已经断绝，因此段甲、段乙可以拒绝履行赡养义务。另一种意见认为，在段甲和段乙未成年期间，段某在夫妻关系上虽然存在过错，但并未怠于履行抚养教育义务，段某与段甲、段乙的父子女关系并没有改变。因此，段甲、段乙对其有法定的赡养义务，在其丧失劳动能力或生活困难时，段甲、段乙理应给付赡养费用。

【法官讲法】

民法典第1084条第1款规定：父母与子女间的关系，不因父母离婚而消除。离婚后，子女无论由父或者母直接抚养，仍是父母双方的子女。第1067条规定：父母不履行抚养义务的，未成年子女或者不能独立生活的成年子女，有要求父母给付抚养费的权利。成年子女不履行赡养义务的，缺乏劳动能力或者生活困难的父母，有要求成年子女给付赡养费的权利。

本案中，段某虽因生活作风问题造成夫妻感情破裂并与段甲、段乙之母离婚，但其与段甲、段乙之间的法律关系并未改变，段甲、段乙虽由其母亲直接抚养，但仍是父母双方的子女。段甲、段乙以父母离婚后随其母亲生活为由主张与段某之间已经断绝父子、父女关系的理由不能成立。段某在段甲和段乙未成年期间，并未怠于履行抚养教育义务，根据权利、义务对等的原则，段甲、段乙对段某有法定的赡养义务，在段某年老体弱丧失劳动能力时，段甲、段乙理应予以赡养。本案中导致段某晚年生活困难的原因虽是其在离婚后将其个人财产及积蓄挥霍耗尽所致，但这并不影响其要求段甲、段乙履行赡养义务，段甲、段乙以此拒绝履行赡养义务的理由不能成立。综上所述，段甲、段乙对段某应该履行赡养义务。

【法条指引】

中华人民共和国民法典

第一千零八十四条 父母与子女间的关系，不因父母离婚而消除。离婚后，子女无论由父或者母直接抚养，仍是父母双方的子女。

离婚后，父母对于子女仍有抚养、教育、保护的权利和义务。

离婚后，不满两周岁的子女，以由母亲直接抚养为原则。已满两周岁的子女，父母双方对抚养问题协议不成的，由人民法院根据双方的具体情况，按照最有利于未成年子女的原则判决。子女已满八周岁的，应当尊重其真实意愿。

15. 继父母有亲生子女，还能收养继子女吗？

【维权要点】

基于收养关系主体身份具有多样性，民法典对一些特殊情况下的收养条件作了特殊规定，包括对三代以内旁系同辈血亲子女的收养，无配偶者对异性子女的收养，对孤儿、弃儿或者残疾儿童的收养，继父母对继子女的收养等。继父母经继子女的生父母同意，可以收养继子女，并且限制条件十分宽松，例如继父或继母即便有亲生子女，仍能收养继子女。

【典型案例】

2018 年 1 月，范某某（女）与前夫感情破裂，离婚后带着 3 周岁的儿子明明一起生活。2020 年 2 月，经朋友介绍，范某某与辛某相识并于当年 12 月结婚。范某某带着明明一起与辛某生活。辛某前妻早年因病去世，女儿露露一直跟随辛某生活。辛某宽容体贴，对女儿露露和继子明明一视同仁，一家四口相处融洽。日子一长，范某某越发觉得辛某是个好男人、好父亲，内心十分感动。结婚一年后，范某某向辛某提议，由辛某收养儿子明明，以便进一步增进父子的感情，将来等辛某年老后让明明赡养辛某。辛某也很乐意收养明明，但是不知道这样做是否符合法律规定，特意到有关部门进行咨询。

【法官讲法】

收养要符合民法典中规定的收养条件，民法典首先规定了一般条件下的收养。在此基础上，考虑到收养关系主体身份具有多样性，民法典对一些特殊情况下的收养条件，也相应作了特殊规定，以利于收养关系和家庭关系的正常和谐发展。因此，收养可分为一般条件下的收养和特殊条件下的收养。所谓特殊条件下的收养，是指这些收养可以不受某些一般收养条件的限制或者除一般收养条件外还要受到其他的限制。

特殊条件下的收养包括以下四种：

1. 关于三代以内同辈旁系血亲子女的收养。根据民法典第 1099 条的规定，收养三代以内旁系同辈血亲的子女，可以不受下列限制：（1）生父母有特殊困难无力抚养的子女。（2）有特殊困难无力抚养子女的生父母。（3）无配偶者收养异性子女的，收养人与被收养人的年龄应当相差 40 周岁以上。华侨收养三代以内旁系同辈血亲的子女，还可以不受收养人无子女或者只有一名子女的限制。

2. 关于无配偶者对异性子女的收养。对于单身男女收养异性的，除了必须符合一般收养的各项条件外，还必须符合民法典规定的特殊年龄条件。根据民法典第 1102 条的规定，此类收养中，收养人与被收养人的年龄应当相差 40 周岁以上。增加这一限制条件的目的，旨在保护被收养人的人身权利，防止违反伦理道德的事件发生。

3. 关于孤儿、弃儿或者残疾儿童的收养。根据民法典第 1100 条第 2 款的规定，收养孤儿、残疾未成年人或者儿童福利机构抚养的查找不到生父母的未成年人，可以不受收养人无子女或者只有一名子女的限制。由于此类收养行为具有人道主义性质，是受到国家鼓励的，因此法律放宽了收养的条件限制。但收养人除不受上述条件限制外，对于民法典规定的其他限制条件，仍需要遵守。

4. 关于继父母对继子女的收养。根据民法典第 1103 条的规定，继父或者继母经继子女的生父母同意，可以收养继子女，并且条件十分宽松。这主要是考虑到继父母与继子女一起生活的特殊性，而且继父母与继子女形成收养关系后，对家庭关系的稳定发展和各方权利义务关系的明确都有积极意义，因此对继父母收养继子女的限制条件很少。主要表现在对送养人、被收养人和收养人三方限制条件的解禁方面：(1) 送养人不需要是有特殊困难无力抚养子女的生父母。即便生父母没有经济方面的困难，也可以将子女送养。(2) 被收养人不受14周岁以下的年龄限制。即继父母可以收养年满14周岁以上的继子女。(3) 收养人不受年满30周岁、无子女、有抚养教育被收养人的能力、未患有在医学上认为不应当收养子女的疾病以及只能收养1名子女等条件的限制。

从本案情况来看，辛某只要得到明明亲生父亲的同意即可收养明明。当然，有关的收养登记手续仍然需要依法办理。

【法条指引】

中华人民共和国民法典

第一千零九十九条 收养三代以内旁系同辈血亲的子女，可以不受本法第一千零九十三条第三项、第一千零九十四条第三项和第一千一百零二条规定的限制。

华侨收养三代以内旁系同辈血亲的子女，还可以不受本法第一千零九十八条第一项规定的限制。

第一千一百条 无子女的收养人可以收养两名子女；有子女的收养人只能收养一名子女。

收养孤儿、残疾未成年人或者儿童福利机构抚养的查找不到生父母的未成年人，可以不受前款和本法第一千零九十八条第一项规定的限制。

第一千一百零二条 无配偶者收养异性子女的，收养人与被收养人的年龄应当相差四十周岁以上。

第一千一百零三条 继父或者继母经继子女的生父母同意，可以收养继子女，并可以不受本法第一千零九十三条第三项、第一千零九十四条第三项、第一千零九十八条和第一千一百条第一款规定的限制。

16. 子女们争着赡养父母，应当如何解决？

【维权要点】

法律规定赡养父母是子女的一项义务，而不是权利。子女就赡养父母问题无法协商一致的，父母作为赡养权利主体，有权选择、接受赡养方式，有权决定在子女一家居住或多家轮流居住，由子女照顾生活起居。

【典型案例】

刘老太有两个儿子，大儿子黄甲、二儿子黄乙。冯某、严某分别是黄甲、黄乙的媳妇。刘老太的老伴黄某某去世后，黄甲、黄乙兄弟俩因财产继承问题发生重大分歧。因刘老太年事已高，不适宜单独生活，黄乙、严某夫妇二人便把老人接到自己家中一起过。时间一长，黄甲、冯某也十分牵挂老母亲，多次向弟弟、弟妹打电话要求看望刘老太，并提出把刘老太接到自己家中，但都没有如愿。黄甲认为黄乙是在故意阻拦自己看望、照顾老母亲，便提出应该由兄弟二人轮流照顾老人，而黄乙夫妇则认为，他们夫妻对刘老太一直都很孝顺，刘老太在儿媳严某的照料下，身体状况有了较大改善，老人应该继续住在自己家里，而且他们并没有阻止哥哥嫂嫂探视、赡养母亲。由于在赡养母亲的问题上双方无法达成一致，黄甲遂向人民法院提起诉讼，请求判令黄乙将刘老太交由自己赡养。

【法官讲法】

本案系一起不同于普通意义上的赡养纠纷。

赡养法律关系中存在的主体有两方，一方为赡养的权利主体，即父母，另一方为赡养的义务主体，即子女。法律规定：子女对父母有赡养扶助的义务。子女不履行赡养义务时，无劳动能力的或生活困难的父母，有要求子女给付赡养费的权利。当子女不履行赡养义务时，父母作为赡养的权利主体，可以诉请人民法院处理该类纠纷。本案的特殊性在于，提起诉讼的原告并不是赡养的权利主体，而是作为赡养义务的主体：大儿子。这就导致了一个现象：义务人起诉另一义务人要求行使权利人的权利。本来应该由权利人行使的权利反被义务人作为诉讼请求诉请法律保护，有越俎代庖之嫌。

本案中，原告黄甲、被告黄乙系刘老太所生子女，赡养母亲刘老太是原、被告应履行的法定义务，刘老太作为赡养权利主体，有权选择、接受赡养方式，有权决定在被告家居住，由被告照顾生活起居。且被告在履行赡养义务过程中并没有对原告履行义务产生妨碍。履行赡养义务有多种方式，刘老太的饮食起居由被告照料，并不影响原告通过其他方式履行赡养义务。原、被告与刘老太存在赡养权利义务关系，但原、被告之间并不存在赡养的权利义务关系。而且从法律规定来看，赡养父母是子女的一项义务，而不是权利。因此，虽然原告请求履行赡养义务的主观愿望是善良的，但这个诉讼请求没有法律依据，依法不予支持。

【法条指引】

中华人民共和国民法典

第一千零六十七条　父母不履行抚养义务的，未成年子女或者不能独立生活的成年子女，有要求父母给付抚养费的权利。

成年子女不履行赡养义务的，缺乏劳动能力或者生活困难的父母，有要求成年子女给付赡养费的权利。

17. 由祖父母抚养长大的孙子女对祖父母是否有赡养义务？

【维权要点】

有负担能力的孙子女、外孙子女，对于子女已经死亡或子女无力赡养的祖父母、外祖父母，有赡养的义务。这种隔代赡养不仅仅是中华民族尊老爱幼美德的体现，也是我国的一项法律制度。

【典型案例】

彭某（女，78 岁）是某村农民。张甲（男，54 岁）、张乙（男，51 岁）、张丙（女，49 岁）是彭某的子女。张某（男，32 岁）是彭某的孙子，张甲的次子。张甲、张乙、张丙均在某村务农，具有劳动能力，在当地处于中等生活水平。张某自幼母亲去世，随祖母一起生活，张甲每月给彭某 50 元，作为张某的生活费。张某由彭某抚养成人后，到外地打工。彭某年迈，几个子女都不愿赡养彭某。彭某曾提出跟张某一起生活，被张某拒绝。2021 年 1 月，彭某向人民法院提起诉讼，要求张甲、张乙、张丙和张某履行对自己的赡养义务。张某辩称，彭某的几个子女都健在，并且都有赡养能力。根据民法典的相关规定，自己对彭某没有赡养义务。彭某的诉讼请求没有法律根据，应予驳回。

【法官讲法】

我国民法典第1074条第2款规定，有负担能力的孙子女、外孙子女，对于子女已经死亡或者子女无力赡养的祖父母、外祖父母，有赡养的义务。这是我国法律对隔代赡养作出的直接规定。所谓隔代赡养，是指直系尊亲属与卑亲属之间的赡养关系。隔代赡养不仅仅是中华民族尊老爱幼美德的体现，也是我国的一项法律制度。在我国，很多孙子女、外孙子女是在祖父母、外祖父母的抚养下长大成人的；当祖父母、外祖父母年老需要赡养扶助时，孙子女、外孙子女也应在经济上对他们承担赡养义务，在生活中对他们关心照顾，民法典的上述规定将这种道德义务上升为一种法律义务，加强了对老年人合法权益的保护。

但孙子女、外孙子女对祖父母、外祖父母承担赡养义务须具备以下两个条件：一是孙子女、外孙子女须有负担能力。无负担能力的孙子女、外孙子女，如未成年人或精神病人，就无法承担赡养祖父母、外祖父母的责任。二是祖父母、外祖父母的子女已经死亡或者子女无力赡养，而且本人需要赡养。对子女在世并有赡养能力或者有固定收入和其他生活来源，生活上完全可以自理的祖父母、外祖父母，孙子女、外孙子女可以免除其赡养义务。只有在子女已经死亡或没有赡养能力，且祖父母、外祖父母没有固定收入和其他生活来源或生活无法自理的情况下，孙子女、外孙子女才有赡养义务。[1]

在本案中，彭某的三个子女张甲、张乙、张丙均健在，并且有劳动能力，在当地农村处于中等生活水平，具有赡养老人的能力，其不赡养老人是出于思想认识上的原因，而不是存在无法履行赡养义务的实际困难。在这种情况下，应当由张甲、张乙、张丙承担赡养彭某的义务。作为彭某的孙子张某可以免除赡养祖母的义务，因为法律规定的孙子女、外孙子女赡养祖父母、外祖父母的上述条件尚不具备。当然，张某虽然随祖母共同生活期间是由其父张甲支付生活费，但抚养不仅限于支付抚养费，支付抚养费只是有抚养义务的人对被抚养人所尽的一种经济上的义务。抚养还包括

---

〔1〕 马原主编：《新婚姻法条文释义》，人民法院出版社2002年版，第199页。

对被抚养人生活上的照顾。所以彭某与张某之间是有抚养关系的。综上所述，由张甲、张乙、张丙承担赡养彭某的义务，支付彭某赡养费，张某不承担赡养义务。

【法条指引】

中华人民共和国民法典

第一千零七十四条　有负担能力的祖父母、外祖父母，对于父母已经死亡或者父母无力抚养的未成年孙子女、外孙子女，有抚养的义务。

有负担能力的孙子女、外孙子女，对于子女已经死亡或者子女无力赡养的祖父母、外祖父母，有赡养的义务。

18. 老年人未婚同居，一方子女应否赡养另一方？

【维权要点】

1994 年 2 月 1 日以后，未履行结婚登记而以夫妻名义同居生活的，不再属于“事实婚姻”，这种关系一律以同居关系认定。由于法律上不承认未婚同居者存在夫妻关系，因此，同居双方中一方的子女也就没有赡养另一方的法定义务。

【典型案例】

老张的两个孩子张甲、张乙都已结婚另立门户。老张退休后本与老伴过着安闲舒适的生活。不料几年前，老伴因意外去世，老张就搬到大儿子张甲家与儿子儿媳同住。邻居李大妈早年丧夫，无儿无女，见老张因老伴儿去世而情绪低落，就常对他热心帮助，两人慢慢建立了感情。两位老人虽然渴望重新组织一个美满的家庭，但由于老张子女的反对而一直没能结婚。子女们认为老张没有必要再婚，而且母亲刚去世不久，难以在感情上接受一个新的母亲。无奈之下，2009 年春，李大妈只好跟老张以夫妻名义在张甲家过起了同居生活。李大妈经常做家务，并帮张甲照看孩子。2020 年 12 月，李大妈病倒在床，加上原本年事已高，身体不是很好，病得越发严重。但老张的子女对李大妈却一直不闻不问，老张对此深感自责但又无可奈何，他一气之下到人民法院起诉子女不赡养“后妈”，想给李大妈一个交代。

【法官讲法】

《最高人民法院关于适用〈中华人民共和国民法典〉婚姻家庭编的解释（一）》第7条规定："未依据民法典第一千零四十九条规定办理结婚登记而以夫妻名义共同生活的男女，提起诉讼要求离婚的，应当区别对待：（一）1994年2月1日民政部《婚姻登记管理条例》公布实施以前，男女双方已经符合结婚实质要件的，按事实婚姻处理。（二）1994年2月1日民政部《婚姻登记管理条例》公布实施以后，男女双方符合结婚实质要件的，人民法院应当告知其补办结婚登记。未补办结婚登记的，依据本解释第三条规定处理。"也就是说自1994年2月1日以后，未履行结婚登记而以夫妻名义同居生活的，不再属于"事实婚姻"，这种关系一律以同居关系认定。

一方面，虽然我们对老人同居寄以同情，抱以宽容，但是也要清醒地看到，非婚同居的形式，使老年人再婚处于一种不稳定状态。首先，不利于男女老人双方在生活上的积极磨合，使老人形成合就成不合则分的心态，使再婚失去了一个患难与共的基础。其次，由于双方家庭的松散认可，不利于老年人权益的维护，一旦发生矛盾，则诉诸法律无门。另一方面，同居现象也可能给某些道德不过关的老人以可乘之机，借同居骗取钱财、侵害老年人身心健康等。就整个社会来讲，老年人同居现象越演越烈，对年轻人的婚姻观念也会带来一定的负面影响。

本案中，老张与李大妈不构成事实婚姻，老张的子女也就没有赡养李大妈的义务。而且即便两人办理了结婚登记，由于老张的两个孩子张甲、张乙早已成年并成家立业，李大妈与张甲、张乙之间没有形成抚养教育关系，李大妈也就没有要求张甲、张乙承担赡养义务的法律依据。

【法条指引】

最高人民法院关于适用《中华人民共和国民法典》婚姻家庭编的解释（一）

第七条 未依据民法典第一千零四十九条规定办理结婚登记而以夫妻名义共同生活的男女，提起诉讼要求离婚的，应当区别对待：

（一）1994 年 2 月 1 日民政部《婚姻登记管理条例》公布实施以前，男女双方已经符合结婚实质要件的，按事实婚姻处理。

（二）1994 年 2 月 1 日民政部《婚姻登记管理条例》公布实施以后，男女双方符合结婚实质要件的，人民法院应当告知其补办结婚登记。未补办结婚登记的，依据本解释第三条规定处理。

19. 养父母有亲生子女，养子女的赡养义务能否免除？

【维权要点】

已经形成养父母子女关系的，应该按照亲父母子女关系同样对待。对无劳动能力或生活困难的父母，养子女与亲生子女同样需要承担赡养义务。

【典型案例】

原告段某、袁某夫妇有三个子女，其中长子段甲系其养子。原告夫妇自幼子结婚后，即召集三个子女分家析产，并由三个子女约定，每人每年出小麦 300 千克赡养原告夫妇。但自 2020 年开始，被告段甲以原告夫妇在村里扬言自己不是其亲子，且原告另有两个亲生子女赡养为由，拒绝再赡养两原告。为此，原告夫妇向人民法院起诉，要求被告履行赡养义务。

【法官讲法】

民法典第 1111 条规定："自收养关系成立之日起，养父母与养子女间的权利义务关系，适用本法关于父母子女关系的规定……"根据第 1067 条、第 1068 条的规定，父母有教育、保护未成年子女的权利和义务。父母不履行抚养义务的，未成年子女或者不能独立生活的成年子女，有要求父母给付抚养费的权利。成年子女不履行赡养义务的，缺乏劳动能力或者生活困难的父母，有要求成年子女给付赡养费的权利。因此，养子女与亲生子女一样，只要是与养父母形成了合法的收养关系，就产生了与亲生子女同样的权利义务，对养父母就应当尽赡养义务。按照民法典第 1118 条的规定，即便收养关系解除后，经养父母抚养的成年养子女，对缺乏劳动能力又缺乏生活来源的养父母，也应当给付生活费。所以本案被告段甲对原告段某夫妇的赡养义务不能因原告夫妇有亲生子女而免除，被告应当与原告的亲生子女共同承担赡养原告夫妇的义务。

【法条指引】

中华人民共和国民法典

第一千一百一十一条 自收养关系成立之日起，养父母与养子女间的权利义务关系，适用本法关于父母子女关系的规定；养子女与养父母的近亲属间的权利义务关系，适用本法关于子女与父母的近亲属关系的规定。

养子女与生父母以及其他近亲属间的权利义务关系，因收养关系的成立而消除。

20. 已经将儿子“过继”给他人，还能否要求其履行赡养义务？

【维权要点】

1992年4月1日收养法[1]施行以前的“过继”可以按收养看待，收养法施行以后的“过继”则必须到民政机关办理相关手续，如果符合收养要求，达到收养条件，“过继”也受到法律的保护。养子女与生父母之间的权利义务因收养关系的成立而消除。也就是说，如果“过继”成立收养关系的话，子女和生父母之间就不存在法律上的权利义务关系了，包括不再承担赡养义务。

【典型案例】

原告黎某、王某系夫妻关系，婚后生有二子一女，其中长子为黎甲。1993年5月，黎甲16岁时，因黎甲的叔祖父母黎某某和王某某夫妻婚后未生育，经亲友说合，黎某夫妻同意将长子黎甲过继给黎某某夫妻做养孙子。双方为此订立书面协议一份，其主要内容有：黎甲随叔祖父母黎某某、王某某共同生活并由他们抚育成人；黎某某、王某某年老后，由黎甲赡养；黎某某、王某某的财产由黎甲继承。协议签订后，黎甲开始与叔祖父母共同生活，户口、自留地也一并转入叔祖父母户内。叔祖父母年老后

〔1〕《中华人民共和国收养法》现已失效。

及叔祖父去世时，黎甲均尽了赡养义务并料理了后事。多年来，黎某、王某夫妇一直与其次子共同生活，现由次子负责赡养。2020 年 8 月，黎某夫妻因生病治疗费用较高，导致生活困难，遂要求黎甲负担部分医疗费用。黎甲在给付黎某夫妇 2000 余元后，拒绝继续承担。黎某夫妇再次索要未果，引起诉讼。

【法官讲法】

历史传统上，我国不少的多子女家庭经族人说合后，有将儿子送给无后代或无儿子的嫡亲或叔伯本家成“嗣”的习俗。所谓的成“嗣”，也就是现在所说的收养。

1984 年 8 月，最高人民法院公布实施的《最高人民法院关于贯彻执行民事政策法律若干问题的意见》[1] 第 29 条规定：“收养人收养他人为孙子女，确已形成养祖父母与养孙子女关系的，应予承认。解决收养纠纷或有关权益纠纷时，可依照婚姻法关于养父母与养子女的有关规定，合情合理地处理。”该意见第 28 条同时规定：“亲友、群众公认，或有关组织证明确以养父母与养子女关系长期共同生活的，虽未办理合法手续，也应按收养关系对待。”

就本案而言，黎某某、王某某夫妻与被告黎甲之间尽管未到有关部门办理合法手续，但双方的养祖父母与养孙子女关系得到了亲友、群众和当地组织的公认，应予承认。我国民法典规定，养子女和生父母间的权利义务，因收养关系的成立而消除。现被告黎甲与他人的收养关系得到了法律确认，其与生父母之间的权利义务关系已消除，二原告再要求其承担赡养义务显然于法无据。当然，被告黎甲如果从亲情出发，自愿给付生父母部分钱款，法律并不禁止。

【法条指引】

中华人民共和国民法典

第一千一百一十一条 自收养关系成立之日起，养父母与养子女间的权利义务关系，适用本法关于父母子女关系的规定；养子女与养父母的近亲属间的权利义务关系，适用本法关于子女与父母的近亲属关系的规定。

---

〔1〕《最高人民法院关于贯彻执行民事政策法律若干问题的意见》现已失效。

养子女与生父母以及其他近亲属间的权利义务关系，因收养关系的成立而消除。

21. 子女声明放弃继承权，能否以此拒绝赡养老人?

【维权要点】

赡养老人是法定的义务，赡养人不得以放弃继承权或者其他理由，拒绝履行赡养义务。

【典型案例】

老人王某育有两女一子，大女儿已结婚成家，婚后仍与老人一起生活，小女儿因家庭困难在年幼时就送人领养，后来因故一直没有音信。小儿子在某农场工作。2020 年春节过后，大女儿向街道居委会反映，她的弟弟对母亲不尽赡养义务，老人快满 80 岁高龄了，而且患有高血压等多种疾病，每年要住院好几次。大女儿既要护理老人又要照顾自己的子女，并且负担老人的住院费用，无论从经济上、精神上都十分困难，要求弟弟分担赡养责任。而小儿子认为当初在分家产时，他就放弃了继承权，王某的财产都由大女儿一人继承，所以赡养老人应由大女儿独自承担。经多次协调，仍没有结果，为此，双方闹到法庭。

【法官讲法】

我国法律规定子女有赡养扶助父母的义务。这种法定义务是无条件的。当父母丧失劳动能力生活困难时，子女应当给付生活费；当父母有病不能自理时，子女应当悉心照料，让老人安度晚年。这种赡养义务，不仅是社会道德要求，更是赡养人的法定义务。法定义务就是指由法律的强行性规范、禁止性规范所设定的义务，即国家法律明确规定的特定义务。赡养人不得以任何理由拒绝履行。老年人权益保障法第 19 条第 1 款明确规定："赡养人不得以放弃继承权或者其他理由，拒绝履行赡养义务。"本案中，大女儿与母亲共同生活，负责老人日常生活，在其生病时全力予以照料护理，尽到了赡养义务，但小儿子有负担能力，却以放弃继承权为由，拒绝履行自己的赡养义务，显然是错误的。至于小儿子强调自己在分家析产时就放弃继承权，更是错误的。分家析产是共同生活的家庭成员，将原来共同共有的家庭财产按照平等、养老育幼等原则分割为几个独立所有权的行为，与被继承人死亡后分割遗产是完全不同性质的行为，分家析产时是不会涉及遗产继承问题的，更何况民法典第1124条规定："继承开始后，继承人放弃继承的，应当在遗产处理前，以书面形式作出放弃继承的表示；没有表示的，视为接受继承……"如果放弃继承，享有继承权的人只能在被继承人死亡之后，即继承开始之前表示，如果被继承人还活着，继承人表示放弃继承，是没有任何效力的。因此，王某的小儿子应该承担赡养义务。

【法条指引】

中华人民共和国老年人权益保障法

第十九条 赡养人不得以放弃继承权或者其他理由，拒绝履行赡养义务。

赡养人不履行赡养义务，老年人有要求赡养人付给赡养费等权利。

赡养人不得要求老年人承担力不能及的劳动。

22. 子女私下签订赡养协议，是否有效？

【维权要点】

经老年人同意，赡养人之间可以就履行赡养义务签订协议。赡养协议的内容不得违反法律的规定和老年人的意愿。

【典型案例】

孙某与其夫丁某（已故）生育两子一女，丁甲为其长子。丁某去世后，丁甲与其弟丁乙订立协议书一份，约定：从2000年正月十五日起，孙某每月的一切费用计人民币60元，由兄弟二人各半负担；孙某今后的医疗费用也由二人共同负担；孙某现有财产由其自行保管，待孙某去世后，由两人各半所有。2010年12月，丁甲与丁乙又订立补充协议一份，约定从2011年正月起两人每月给付孙某生活费减少为人民币50元。嗣后，丁甲按约给付孙某生活费至2019年6月。2019年12月31日，孙某突发脑梗死并住院治疗，为此花去医疗费用1.5万余元。丁甲在孙某住院期间未予照顾，也未承担相应费用。2021年2月，孙某诉至人民法院，要求丁甲从

2019年7月起给付生活费每月50元，承担8000元的医疗费用及今后的生活照料、患病护理和治病所需费用。丁甲辩称，自己无能力按协议履行赡养义务，原告的医疗等费用应依法由原告孙某三子女共同负担。

【法官讲法】

本案涉及以下三个方面的问题：

1. 丁甲与丁乙关于孙某赡养事宜的约定是否有效？我国老年人权益保障法第20条第1款规定："经老年人同意，赡养人之间可以就履行赡养义务签订协议。赡养协议的内容不得违反法律的规定和老年人的意愿。"丁氏二兄弟为孙某的赡养事宜订立了协议，在2010年又订立了补充协议，将孙某的生活费由每月60元减少为每月50元，对该赡养协议的效力应依据民法典中有关民事法律行为的规定来判断。民法典规定，民事法律行为是民事主体通过意思表示设立、变更、终止民事法律关系的行为，民事法律行为应当具备下列条件：行为人具有相应的民事行为能力；意思表示真实；不违反法律、行政法规的强制性规定，不违背公序良俗。对于无效民事行为，民法典也有规定，无民事行为能力人实施的、限制民事行为能力人依法不能独立实施的、行为人与相对人以虚假的意思表示实施的民事法律行为；违反法律、行政法规的强制性规定的民事法律行为；违背公序良俗的民事法律行为；行为人与相对人恶意串通，损害他人合法权益的民事法律行为无效。丁氏二兄弟在订立协议时均为完全民事行为能力人，协议内容也系两人的真实意思表示，协议中有关原告的赡养事宜的约定都得到了原告的认可，丁氏兄弟二人通过订立协议的方式，主动承担起赡养原告的责任，不仅合乎公民道德规范，也符合社会公共利益和法律规定。

赡养对被赡养人来说是一种法律权利，对赡养人来说则是一种法定义务，作为被赡养人可以要求赡养人承担赡养义务，也可以放弃要求赡养人赡养的权利，因此在原告认可由丁氏兄弟二人尽赡养义务的前提下，协议约定的内容并未侵害被赡养人的合法权利；丁氏二兄弟主动承担起赡养原告的责任，减轻原告女儿的负担，与法律规定并不违背，并不侵害原告女儿的合法权益，因此丁氏二兄弟关于原告赡养事宜的约定应为有效，两人就赡养原告的合意行为即是民事法律行为，根据民法典的规定，民事法律行为从成立时起具有法律约束力，行为人非依法律规定或取得对方同意，不得擅自变更或者解除。至于丁氏兄弟二人在协议中约定，原告去世之后，原告的财产由两个人各半所有，因未征得原告的同意，事后原告也未予追认，且法律对无权处分他人财产也未规定可以适用不作为的默示，因此丁氏二兄弟的该约定，因侵犯原告的财产所有权及原告女儿的财产继承权利，应为无效约定，但这不影响关于原告赡养事宜约定的效力。

2. 孙某未因丁甲不履行约定的给付赡养费及医疗等费用的义务而负债，是否就可以免除被告的责任？本案中孙某有权依据协议约定，向丁甲主张给付生活费和医疗等费用。丁氏二兄弟就孙某赡养事宜订立的协议属于涉他协议。在涉他协议中，若是权利涉及第三人，则为第三人利益协议。在本案中，丁氏二兄弟约定了向孙某支付一定的生活费并承担孙某的医疗等费用，涉及孙某的权利，所以本案中的协议属于第三人利益协议。第三人利益协议成立后，毫无疑问，对双方当事人均产生约束力，对第三人来讲，其有权直接依据协议请求义务人履行义务。在本案中，关于孙某赡养事宜的约定有效，孙某据此就享有向协议的双方，即丁氏二兄弟，主张给付生活费和医疗等费用的权利，因此孙某要求丁甲从2019年7月起支付生活费并承担一半的医疗等费用的诉讼请求应予支持。

3. 人民法院应否追加孙某的其他子女作为共同被告参加诉讼？根据民法典、老年人权益保障法的规定，赡养人是指老年人的子女以及其他依法负有赡养义务的人，本案孙某的其他子女（丁乙）也是孙某的赡养人，都应对孙某尽赡养义务。那么孙某的女儿是否也应作为被告参加诉讼呢？根据民事诉讼法的规定，必要的共同诉讼的当事人未参加诉讼的，人民法院应当通知或者根据当事人的申请追加。必要的共同诉讼，是指当事人一方或双方为二人以上，其诉讼标的是共同的。但在本案中，诉讼标的是丁甲在协议中承诺给付孙某而未给付的每月50元的生活费及一半的医疗费用，这一诉讼标的与孙某的女儿并无关系，此诉求与被赡养人要求赡养人承担全部赡养义务不同，因此孙某的女儿不是本案必要的共同诉讼当事人，法院不应追加她作为被告参加本案诉讼。

【法条指引】

中华人民共和国老年人权益保障法

第二十条　经老年人同意，赡养人之间可以就履行赡养义务签订协议。赡养协议的内容不得违反法律的规定和老年人的意愿。

基层群众性自治组织、老年人组织或者赡养人所在单位监督协议的履行。

中华人民共和国民法典

第一百三十三条 民事法律行为是民事主体通过意思表示设立、变更、终止民事法律关系的行为。

第一百四十三条 具备下列条件的民事法律行为有效：

（一）行为人具有相应的民事行为能力；

（二）意思表示真实；

（三）不违反法律、行政法规的强制性规定，不违背公序良俗。

第一百四十四条 无民事行为能力人实施的民事法律行为无效。

第一百四十五条 限制民事行为能力人实施的纯获利益的民事法律行为或者与其年龄、智力、精神健康状况相适应的民事法律行为有效；实施的其他民事法律行为经法定代理人同意或者追认后有效。

相对人可以催告法定代理人自收到通知之日起三十日内予以追认。法定代理人未作表示的，视为拒绝追认。民事法律行为被追认前，善意相对人有撤销的权利。撤销应当以通知的方式作出。

第一百四十六条 行为人与相对人以虚假的意思表示实施的民事法律行为无效。

以虚假的意思表示隐藏的民事法律行为的效力，依照有关法律规定处理。

第一百五十三条 违反法律、行政法规的强制性规定的民事法律行为无效。但是，该强制性规定不导致该民事法律行为无效的除外。

违背公序良俗的民事法律行为无效。

第一百五十四条 行为人与相对人恶意串通，损害他人合法权益的民事法律行为无效。

23. 子女之间签订赡养义务转让协议，是否合法有效？

【维权要点】

赡养义务可以表现为直接负担形式和间接负担形式。在特殊情况下，某个赡养义务人因故不能直接进行赡养时，经被赡养人同意，可以协议转让部分经济物质赡养义务，但精神上的赡养义务不能转让，仍应由其本人亲自履行。

【典型案例】

2006年，黄某老两口主持其子女签订了分家协议。协议约定长子黄大分得祖产房屋楼上楼下共6间，并负责赡养老两口。2010年，黄大因工作调动迁居进城，难以履行赡养义务。同年11月，黄大与妹妹黄小达成关于转让房屋及赡养老人的协议。协议约定黄大将上述分得的房产转让给黄小，由黄小负责赡养父母。事后，黄小事实上履行了赡养义务，老两口对此也表示同意。2021年初，因涉及征地拆迁问题，黄大向法院提出赡养义务不能转让，故与黄小签订的转让房屋及赡养老人的协议无效，要求收回房屋。

【法官讲法】

依照我国法律的规定，子女对父母的赡养义务是法定的，这就决定了赡养义务是不可转让的。不过，赡养义务可以表现为直接负担形式和间接负担形式。本案中的转让协议实际上就涉及黄大赡养义务由直接负担转化为间接负担的问题。在一般情况下，赡养义务是赡养人向被赡养人直接提供经济物质上的帮助，但在特殊情况下，某个赡养义务人（黄大）因故不能直接进行赡养时，以其享有所有权的某项财产让与其他赡养义务人（黄小），作为后者加重赡养义务的对价。应当说这是直接赡养形式向间接赡养形式的转换。受让的赡养义务人形式上所增加的经济负担只不过是受让财产的异化而已，在被赡养人表示同意的情况下，以多负担一份赡养义务为条件而接受转让财产的行为有其现实合理性，且不损害被赡养人的利益，法律上应承认其效力。故黄大与其妹的转让协议应认定为一种附条件的转让协议，并不发生赡养义务的转让问题，仍应认定为合法有效。黄大无权收回房屋。

黄家兄妹都有赡养其父母的义务，黄大转让的实际上是他应履行的物质上的赡养义务，因此该转让协议在法律上是合法有效的、符合道德规范的，但精神上的赡养义务仍该由他亲自履行。本案中的转让协议并非完全的赡养义务的转让，而是转让了物质上的赡养义务。这种方式在我国南方的一些地方已经出现。儿女将年迈父母托付给亲戚或邻居等以安心在外工作，受人之托者则可得到照顾老人相应的报酬的一种全新的养老方式，被称为托付赡养。在具体实践中，赡养人、被赡养人、托付人都必须是完全具备民事行为能力的人，有偿转让赡养义务必须在上述三方自愿的前提下进行，特别是要征得被赡养人的同意。不能因赡养关系的部分变化和赡养内容的部分替代，而改变子女对老人应尽的法定义务。

【法条指引】

中华人民共和国老年人权益保障法

第二十条 经老年人同意，赡养人之间可以就履行赡养义务签订协议。赡养协议的内容不得违反法律的规定和老年人的意愿。

基层群众性自治组织、老年人组织或者赡养人所在单位监督协议的履行。

24. 儿子因交通事故身亡，年老父母是否有权索要扶养费?

【维权要点】

人身损害赔偿案件中，可获得扶养费赔偿的人员包括两类：第一类是受害人依法应当承担扶养义务的未成年人；第二类是受害人依法应当承担扶养义务的丧失劳动能力又无其他生活来源的成年近亲属。对于受害人父母诉求扶养赔偿费的，审判实践中，一般参照劳动法退休年龄来处理，即必须男年满 60 周岁、女年满 55 周岁。

【典型案例】

2021 年 6 月 19 日，某市居民陈某驾驶小客车，经某路段由南向北行驶时，所驾车辆突然驶入公路中心单实线左侧，将正向行驶的邻县农民金甲所驾驶的二轮摩托车撞倒，致金甲当场死亡。交通运输部门认定，陈某负事故全部责任。事故发生后，陈某主动打电话报警，并如实供述犯罪事实。陈某在公安调处过程中，预交事故处理费及事故赔偿金 10.5 万元，在诉讼过程中，又预交赔偿金 7400 元。另查明，案发时，死者金甲的父母金某、许某年龄分别为 55 周岁和 53 周岁。开庭审理时，金某、许某作为附带民事诉讼原告人，除提出死亡赔偿金、丧葬费、车辆及衣物损失费等赔偿要求外，另特别提出二人均已年老体弱，请求法院判决被告人陈某赔偿扶养费。

【法官讲法】

交通事故中，当加害人非法剥夺他人的生命权，或者侵害他人的身体健康致使其丧失劳动能力的时候，不仅受害人本人遭受了直接侵害，而且在受害人对第三人（主要是父母子女）负有扶养义务的时候，因受害人已经全部或部分无法履行该扶养义务，所以享有被扶养权利的该第三人也必然遭受损害，此种损害与加害人的加害行为具有相应的因果关系，自然也应由加害人或其他赔偿义务人承担赔偿责任，对此种损害的赔偿在我国法律上称为“被扶养人生活费”。对于被扶养人生活费的赔偿，我国民法典第 1179 条规定：“侵害他人造成人身损害的，应当赔偿医疗费、护理费、交通费、营养费、住院伙食补助费等为治疗和康复支出的合理费用，以及因误工减少的收入。造成残疾的，还应当赔偿辅助器具费和残疾赔偿金；造成死亡的，还应当赔偿丧葬费和死亡赔偿金。”《最高人民法院关于审理人身损害赔偿案件适用法律若干问题的解释》第 17 条规定：“被扶养人生活费根据扶养人丧失劳动能力程度，按照受诉法院所在地上一年度城镇居民人均消费支出标准计算。被扶养人为未成年人的，计算至十八周岁；被扶养人无劳动能力又无其他生活来源的，计算二十年。但六十周岁以上的，年龄每增加一岁减少一年；七十五周岁以上的，按五年计算。被扶养人是指受害人依法应当承担扶养义务的未成年人或者丧失劳动能力又无其他生活来源的成年近亲属。被扶养人还有其他扶养人的，赔偿义务人只赔偿受害人依法应当负担的部分。被扶养人有数人的，年赔偿总额累计不超过上一年度城镇居民人均消费支出额。”依此规定，可获得扶养费赔偿的人员包括两类：第一类是受害人依法应当承担扶养义务的未成年人；第二类是受害人依法应当承担扶养义务的丧失劳动能力又无其他生活来源的成年近亲属。审判实践中，通行的办法是参照劳动法退休年龄来处理，即必须男年满 60 周岁、女年满 55 周岁。从本案的情况看，二位刑事附带民事当事人均不符合这一条件，因此他们的诉讼请求将得不到法院的支持。

【法条指引】

中华人民共和国民法典

第一千一百七十九条 侵害他人造成人身损害的，应当赔偿医疗费、护理费、交通费、营养费、住院伙食补助费等为治疗和康复支出的合理费用，以及因误工减少的收入。造成残疾的，还应当赔偿辅助器具费和残疾赔偿金；造成死亡的，还应当赔偿丧葬费和死亡赔偿金。

最高人民法院关于审理人身损害赔偿案件适用法律若干问题的解释

第十七条 被扶养人生活费根据扶养人丧失劳动能力程度，按照受诉法院所在地上一年度城镇居民人均消费支出标准计算。被扶养人为未成年人的，计算至十八周岁；被扶养人无劳动能力又无其他生活来源的，计算二十年。但六十周岁以上的，年龄每增加一岁减少一年；七十五周岁以上的，按五年计算。

被扶养人是指受害人依法应当承担扶养义务的未成年人或者丧失劳动能力又无其他生活来源的成年近亲属。被扶养人还有其他扶养人的，赔偿义务人只赔偿受害人依法应当负担的部分。被扶养人有数人的，年赔偿总额累计不超过上一年度城镇居民人均消费支出额。

25. 子女给付赡养费数额是否应该采用同一标准？

【维权要点】

赡养费的给付标准，一般应当综合考虑三个方面因素：当地居民的一般生活水平，被赡养人的实际需求，赡养人的经济能力。赡养人的负担能力有别，支付赡养费的数额可区别对待。

【典型案例】

蒋某夫妻俩因其两个儿子蒋甲、蒋乙均不履行赡养义务，遂将二子诉至人民法院，要求每人每年支付赡养费4000元。庭审中，蒋甲提出自己收入有限，又有两个子女在读大学，负担较重，愿意根据当地的生活水平承担每月150元的赡养费；蒋乙则同意每年支付赡养费4000元。

【法官讲法】

对于赡养、抚养案件，法院应根据实际情况作出合理判决。人民法院鼓励子女在条件许可的情况下，除承担法律规定的生养死葬义务之外，在经济上、生活上、精神上可以给老人更多的关怀。法院既要参照双方当事人居住地的一般生活水平，还要酌情确定原告的实际需要，以及被告的实际支付能力。本案中，法院应当综合当地居民的平均生活水平、原告及被告实际收入情况，确定两被告人每人每年向两原告支付多少赡养费，这既是两被告每人应当承担的责任，也是法律规定其应当承担的义务。蒋甲在庭审中提出自己收入有限，又有两个子女在读大学，负担较重，表示愿意根据当地的生活水平承担赡养费，法院应当予以支持。对于蒋乙自己表示愿意每年承担4000元，法院也应当予以认可。

【法条指引】

中华人民共和国老年人权益保障法

第十九条 赡养人不得以放弃继承权或者其他理由，拒绝履行赡养义务。

赡养人不履行赡养义务，老年人有要求赡养人付给赡养费等权利。

赡养人不得要求老年人承担力不能及的劳动。

26. 赡养纠纷当事人均为高龄老人，原告起诉应当如何处理？

【维权要点】

现实中，有的赡养人自身也年事已高，赡养能力弱甚至不具备赡养能力，在这种情况下，被赡养人起诉要求赡养人履行赡养义务的，法院应综合考虑家庭情况，作出合理处理。

【典型案例】

原告文某已是95岁高龄老人，有一子三女，现均已成家。2020年11月前，文某一直随73岁的小儿子李乙生活，但李乙因下半身瘫痪，常年卧床不起，每月仅领取400元的退伍军人津贴，因此李乙并没有实质性的赡养能力。文某生病治疗的医疗费用全部由其女儿李甲独自承担。2020 年 12 月，文某与李乙之间发生矛盾，经乡、村多次调解未果，2021 年文某向人民法院起诉，要求李乙对其尽赡养义务。

【法官讲法】

本案虽是一起简单的赡养案件，但有其特殊性：原、被告均为高龄老人，均为被赡养人；被告虽有赡养义务，但下半身瘫痪，自身都无生活能力，更无赡养能力，不同意给付赡养费用；原告认为被告每月领取 400 元的补助费并不低，被告有赡养能力。

根据本案的特殊情况，法官听取了原、被告双方当事人及其家人的意见，宣讲了相关法律法规，要求原告理解体谅被告的困难。后得知原告的女儿李甲对原、被告都非常照顾，在当地口碑很好，遂指导当事人签订了附义务的房屋赠与协议，即李甲同意承担原告以后的生养死葬义务，原告亦同意将其房产赠与李甲。该协议签订后，原告当即撤回了对被告的起诉，一家人又重归于好。

【法条指引】

中华人民共和国民法典

第一千一百五十八条　自然人可以与继承人以外的组织或者个人签订遗赠扶养协议。按照协议，该组织或者个人承担该自然人生养死葬的义务，享有受遗赠的权利。

27. 拒绝赡养老人致其自杀，应当以何罪起诉？

【维权要点】

对于年老、年幼、患病或者其他没有独立生活能力的人，负有扶养义务而拒绝扶养，情节恶劣的，构成遗弃罪。

【典型案例】

郑某早年丧母，一直随其父（68 岁，3 年前丧失劳动能力）生活。2021 年 1 月初，郑某听人说其父有存款 8 万余元，便向其父询问，其父不承认有存款。3 天后，郑某以妻子下岗无收入等理由，要求父亲去妹妹家生活。因女儿家住房条件比较困难，所以其父未同意。1 月 10 日早上，郑某之妻任某借故对公公进行辱骂，不准其进屋，并将老人推倒在地。1 月 15 日晚上，其父见儿子和孙女正在吃饭，便哀求儿子给点饭吃。郑某未予理睬，老人便自盛了一碗饭正吃时，任某从外面回来，见状便恶语相加，并冲上去把碗抢下来，随后又将老人打了一顿，赶出门外。1 月 16 日，老人忍无可忍，当众诉冤。之后因生活没有着落，含愤服毒而死。

对郑某、任某二被告人的行为如何定性，存在着两种分歧意见：第一种意见认为，对被告人郑某、任某的行为应定虐待罪。其理由是：被告人郑某、任某对父亲负有赡养义务，但二被告人却虐待老人，有饭不给吃，还打骂老人，致使老人含愤自杀，情节恶劣，已构成虐待罪。第二种意见认为，对被告人行为应定遗弃罪。其理由是：根据法律规定，被告人夫妇对年老多病已失去劳动能力的父亲，负有赡养的义务，且有赡养能力，但是二被告人以收入不足为借口，拒绝赡养，情节恶劣，影响极坏，其行为已构成遗弃罪。

【法官讲法】

笔者同意第二种意见，理由如下：

第一，被告人的行为不构成虐待罪。所谓虐待罪，是指对共同生活的家庭成员，经常以打骂、冻饿、禁闭、强迫过度劳动、有病不给治疗、限制自由、凌辱人格等手段，从肉体上和精神上进行摧残、折磨，情节恶劣的行为。构成本罪必须具备以下构成要件：（1）行为人的行为同时侵犯了共同生活的家庭成员在家庭生活中的平等权利及其身心健康；（2）行为人的行为在客观上表现为经常性地对被害人进行肉体上和精神上的摧残、折磨；（3）行为人在主观上必须是故意，即有意识地对被害人进行肉体上和精神上的摧残、折磨；（4）行为人必须是共同生活家庭成员，即虐待人与被害人之间存在一定的亲属关系或收养关系。在本案中，被告人的行为明显不符合虐待罪的构成要件：首先，被告人的行为并未侵犯被害人的平等权和身体健康权，而是侵犯了被害人的受赡养的权利；其次，被告人的行为前后只有 6 天，且并未有摧残、折磨行为，主要是不尽赡养义务的不作为；最后，被告人的主观方面虽然也是故意，但故意内容不是对被害人进行肉体或精神上的摧残、折磨，而是故意逃避赡养义务。

第二，被告人郑某、任某的行为应构成遗弃罪。所谓遗弃罪，是指对于年老、年幼、患病或者其他没有独立生活能力的人，负有扶养义务而拒绝扶养，情节恶劣的行为。本罪的构成要件是：(1) 行为人的行为侵犯了被害人在家庭中受扶养的权利；(2) 行为人的行为在客观方面表现为对年老、年幼、患病或者其他没有独立生活能力的家庭成员，应当扶养而拒绝扶养的行为；(3) 行为人在主观上须出于故意，即明知自己应当履行扶养义务，也有扶养能力，且明知自己不履行扶养义务会侵害被害人的合法权益，但拒不扶养；(4) 行为人须是对被害人负有法律上的扶养义务且具有扶养能力的人。

在本案中，二被告人的行为完全符合遗弃罪的构成要件。首先，二被告人的行为，明显侵犯了被害人受扶养的权利。其次，二被告人在客观上将自己年老多病、已经丧失独立生活能力的父亲拒之门外，拒绝对其赡养。被害人向被告人郑某要碗饭吃，不仅没有得到饭吃，反而遭到了被告人任某的辱骂和推打。老人生活无着，含愤自杀。这完全是一种对无独立生活能力的家庭成员应当扶养而拒绝扶养，情节恶劣的行为。再次，二被告人由于自己的自私自利，不顾老人的生活，而故意拒绝赡养老人，已具备犯罪的故意。最后，二被告人作为被害人的儿子和儿媳，根据我国民法典的规定，对被害人显然是负有扶养义务的。

【法条指引】

中华人民共和国刑法

第二百六十一条 对于年老、年幼、患病或者其他没有独立生活能力的人，负有扶养义务而拒绝扶养，情节恶劣的，处五年以下有期徒刑、拘役或者管制。

28. 长期谩骂老人，是否构成虐待罪？

【维权要点】

虐待老人，情节恶劣的，构成虐待罪。长期谩骂老人，属于情节恶劣的情形之一。

【典型案例】

单某夫妇均是退休教师，两人已年近70岁，只有一个儿子，历尽千辛万苦将儿子养大成人，又给买房子娶媳妇。正当准备安享晚年的时候，不承想蛮横无理的儿媳妇却为了增加自己的收入，想将单某夫妇帮他们购买的房屋出租，并与单某夫妇同住，在遭到拒绝后，两口子就经常上门谩骂，时间长达数年之久。老两口实在无法忍受，只好起诉至人民法院要求追究儿子、儿媳的刑事责任。

【法官讲法】

虐待罪是指虐待家庭成员，情节恶劣的行为。虐待，具体是指经常以打骂、冻饿、捆绑、强迫超体力劳动、限制自由、凌辱人格等各种方法，从肉体、精神上迫害、折磨、摧残共同生活的家庭成员的行为。虐待行为与偶尔打骂或者偶尔体罚行为的明显区别是：虐待行为往往是经常甚至一贯的、具有相对连续性。家庭成员，是指在同一家庭中共同生活的成员。非家庭成员间的虐待行为，不构成本罪。根据立法规定和实践经验，可以从情节是否恶劣来区分罪与非罪。根据本条规定，虐待家庭成员，只有情节恶劣的，才构成犯罪。虐待行为一般，情节较轻的，如一两次的打骂，偶尔的不给饭吃、禁闭等，不应作为虐待罪论处。虐待情节是否恶劣，应当根据以下几个方面来认定：（1）虐待行为持续的时间。虐待时间的长短，在相当程度上决定对被害人身心损害的大小。虐待持续的时间长，比如几个月、几年，往往会使被害人的身心受到较为严重的损害。相反，因家庭琐事出于一时气愤而对家庭成员实施了短时间的虐待行为，一般不会造成严重后果。（2）虐待行为的次数。虐待时间虽然不长，但行为次数频繁的，也容易使被害人的身心遭受难以忍受的痛苦，极易出现严重后果。例如，有的丈夫在妻子生女婴后的1个月内，先后毒打妻子10余次；有的儿女对卧床不起的老人一次又一次地不给饭吃，1个月内就达20余次；等等。（3）虐待的手段。实践中，有的虐待手段十分残忍，使用这些残忍手段，极易造成被害人伤残和死亡，应以情节恶劣论处。至于打耳光、拧耳朵等虐待行为，便不能认为是手段残忍，一般不能认定为情节恶劣。（4）虐待的后果是否严重。虐待行为一般都会不同程度地给被害人造成精神上、肉体上的痛苦和损害，其中有的后果严重，例如，由于虐待行为人使被害人患了精神分裂症、妇科病或者其他病症；虐待行为致使被害人身体瘫痪、肢体伤残；将被害人虐待致死；被害人因不堪虐待而自杀；等等。凡发生了上述严重后果的，都应以情节恶劣论处。当然，判断是否"情节恶劣"，可以根据上述诸方面进行综合分析，也可以根据其中的一个方面加以分析认定。

本案中，单某的儿子、儿媳为达到自己的目的，采用谩骂的方式对待老人，时间长达数年之久，构成虐待且情节严重，应该以虐待罪定罪处罚。

【法条指引】

中华人民共和国老年人权益保障法

第三条 国家保障老年人依法享有的权益。

老年人有从国家和社会获得物质帮助的权利，有享受社会服务和社会优待的权利，有参与社会发展和共享发展成果的权利。

禁止歧视、侮辱、虐待或者遗弃老年人。

中华人民共和国刑法

第二百六十条 虐待家庭成员，情节恶劣的，处二年以下有期徒刑、拘役或者管制。

犯前款罪，致使被害人重伤、死亡的，处二年以上七年以下有期徒刑。

第一款罪，告诉的才处理，但被害人没有能力告诉，或者因受到强制、威吓无法告诉的除外。

第二章　老年人继承权益维护

1. 老人生前请求精神损害抚慰金，在其死亡后法定继承人能否继续主张？

【维权要点】

精神损害赔偿的法律性质是财产赔偿责任，即通过财产赔偿来填补受害人的精神损害。受害人只要依照法律规定提起精神损害赔偿就可以期待获得财产赔偿，该赔偿财产属于受害人预期可得的个人财产，实质上已经转化成了具体的财产债权，在受害人死亡后，其继承人依法可以继承。

【典型案例】

2020年4月8日下午，80岁高龄的冷某（女）见女儿徐某与村民金某发生口角，遂手拄拐棍上前劝解，被金某碰撞倒地，致右股骨骨折。冷某当日被送医院住院治疗，至4月30日出院。经法医鉴定，冷某损伤程度为轻伤甲级、伤残九级。冷某出院后，经有关部门调解未成，于2021年5月6日将金某告上法庭，要求赔偿医疗费、护理费、残疾赔偿金、精神损害抚慰金等损失。该案在审理过程中，原告冷某于6月14日自然死亡，法院通知冷某的法定继承人徐某参加诉讼。

在案件的审理过程中，存在三种不同的意见：第一种意见认为，冷某的精神损害抚慰金主张不能继承。理由是，冷某身体受伤致伤残九级，其肉体痛苦和精神痛苦只有其自身能体会到，别人不可替代，因而具有特定的人身性质。冷某死亡后，其肉体痛苦和精神痛苦随之消失，因而不能给付其精神损害抚慰金，更不能由他人继承。第二种意见认为，冷某的精神损害抚慰金只能计算到死亡之日，由继承人继承。理由是，冷某自伤残之日起至死亡时止，其肉体痛苦和精神痛苦是显然存在的，应当根据公平原则和人性化的要求给予赔偿，由继承人继承。第三种意见认为，冷某的精神损害抚慰金主张应该由继承人继承。理由是，冷某生前已向法院提起诉讼，要求赔偿精神损害抚慰金，已属于冷某个人可期待获得的合法财产，继承人可以继承。

【法官讲法】

精神损害赔偿，是指侵害人不法侵害他人的生命权、健康权、身体权、姓名权、肖像权、名誉权、荣誉权等人身权利，给受害人的人格、精神、尊严、人身自由等造成非财产上的损害，由侵害人给予经济赔偿，以抚慰受害人的一种民事法律制度。由于精神损害是一种特殊的民事侵权行为，是一种不法侵害他人人身权和人格权的行为，它直接表现为一种非财产损害。其特征是一种无形损害，本质上不可计量。精神损害行为又具有特定性，它只能是由侵犯他人的人身权和人格权造成的。因此，精神损害赔偿就是指民事主体因人身权利和人格权利受到不法侵害，使其人格利益和身份利益受到损害，要求侵权人通过财产赔偿等方式进行救济和保护的民事法律制度，是针对精神损害的后果所应承担的财产后果。因此，精神损害赔偿的法律性质是财产赔偿责任，即是通过财产赔偿来填补受害人的精神损害。因此，受害人只要依照法律规定提起精神损害赔偿就可以期待获得财产赔偿，该赔偿财产属于受害人预期可得的个人财产，实质上已经转化成了具体的财产债权，在受害人死亡后，其继承人依法可以继承。

《最高人民法院关于确定民事侵权精神损害赔偿责任若干问题的解释》第1条规定："因人身权益或者具有人身意义的特定物受到侵害，自然人或者其近亲属向人民法院提起诉讼请求精神损害赔偿的，人民法院应当依法予以受理。"因此，冷某在诉讼过程中死亡，其提起的精神损害抚慰金主张可以由继承人继承。

【法条指引】

最高人民法院关于确定民事侵权精神损害赔偿责任若干问题的解释

第一条 因人身权益或者具有人身意义的特定物受到侵害，自然人或者其近亲属向人民法院提起诉讼请求精神损害赔偿的，人民法院应当依法予以受理。

2. 遗嘱与遗赠扶养协议相互抵触，处理遗产时应当以哪个为准？

【维权要点】

遗赠扶养协议，是指公民与扶养人之间签订的关于扶养该公民，该公民将财产遗赠给扶养人的协议。相对于遗嘱和遗赠来说，遗赠扶养协议的效力更高。被继承人生前同他人订有遗赠扶养协议，又同时立有遗嘱的，继承开始后，如果遗赠扶养协议同遗嘱没有抵触，遗产分别按照协议和遗嘱处理；如果有抵触的，按照协议处理，与协议有抵触的遗嘱全部或者部分无效。

【典型案例】

方某的伯父方某某因老伴早年去世，独生女儿在国外生活，只剩他孤身一人，年老体弱，丧失劳动能力，便在2006年与方某签订了遗赠扶养协议，约定生前由方某赡养，死后由方某安葬，留下的一套房屋归方某所有。该协议由邻居证明。2010年5月，方某的伯父病重，其女儿从国外回来照料，不久方某的伯父就因病去世，并由其女儿进行安葬。方某的伯父去世后，方某拿出遗赠扶养协议要求执行协议，而其堂姐却拿出父亲去世前写的遗产归女儿所有的遗嘱，因此拒绝将房子交给方某。2021年，方某一纸诉状将其堂姐诉至法院。

【法官讲法】

遗赠扶养协议是当事人之间的一种合同关系，是指公民与扶养人之间签订的关于扶养该公民，该公民将财产遗赠给扶养人的协议（合同）。民法典第1158条规定：自然人可以与继承人以外的组织或者个人签订遗赠扶养协议。按照协议，该组织或者个人承担该自然人生养死葬的义务，享有受遗赠的权利。《最高人民法院关于适用〈中华人民共和国民法典〉继承编的解释（一）》第3条规定："被继承人生前与他人订有遗赠扶养协议，同时又立有遗嘱的，继承开始后，如果遗赠扶养协议与遗嘱没有抵触，遗产分别按协议和遗嘱处理；如果有抵触，按协议处理，与协议抵触的遗嘱全部或者部分无效。"

本案中，方某伯父的遗嘱中关于房屋归其女儿所有的部分，是同遗赠扶养协议有抵触的，是无效的，应该按照方某同其伯父遗赠扶养协议的约定，归方某所有，其他的遗产由方某的堂姐按照遗嘱继承。但是，方某并没有完成遗赠扶养协议中的丧葬行为，因此方某应该偿还其堂姐支出的丧葬费用。

相对遗嘱和遗赠来说，遗赠扶养协议的效力更高，但是遗赠扶养协议所规定的内容毕竟是外人分得家产，会使法定继承人心存介蒂，因此，为求得遗赠扶养协议更大的效力，最好办理遗赠扶养协议公证。办理遗赠扶养协议公证应当提供以下证明、材料：（1）当事人遗赠扶养协议公证申请表；（2）当事人的居民身份证或其他身份证明；（3）遗赠人住所居委会、村委会或者其所在单位出具遗赠人的家庭成员情况证明；（4）扶养人是集体组织的，应当提交资格证明，法定代表人身份证明，代理人应当提交授权委托书；（5）财产所有权证明及遗赠财产清单；（6）村委会、居委会或所在单位出具的扶养人的经济情况和家庭成员情况证明；（7）扶养人已经结婚的，应当提交其配偶同意订立遗赠扶养协议的书面意见；（8）遗赠扶养协议；（9）公证员认为应当提交的其他证明材料。

【法条指引】

中华人民共和国民法典

第一千一百五十八条 自然人可以与继承人以外的组织或者个人签订遗赠扶养协议。按照协议，该组织或者个人承担该自然人生养死葬的义务，享有受遗赠的权利。

最高人民法院关于适用《中华人民共和国民法典》继承编的解释（一）

第三条 被继承人生前与他人订有遗赠扶养协议，同时又立有遗嘱的，继承开始后，如果遗赠扶养协议与遗嘱没有抵触，遗产分别按协议和遗嘱处理；如果有抵触，按协议处理，与协议抵触的遗嘱全部或者部分无效。

3. 私自篡改遗嘱，是否导致丧失全部继承权？

【维权要点】

伪造、篡改、隐匿或者销毁遗嘱，违背了被继承人的意愿，情节严重的，丧失继承权。虽然篡改了遗嘱，但如果情节并不严重，则不一定丧失继承权。

【典型案例】

李某中年丧妻，为了两个儿子，一直没有再婚。两个儿子长大后，都有了工作。大儿子李明大学毕业后分配到外地工作，每月给父亲寄钱，每年都回家探望老人，力所能及地尽了赡养义务。而次子李朋，娶了媳妇，忘了老人，他结婚后就自立门户，虽然离老人不远，但很少看望老人，不尽赡养义务。老人孤单生活，凄凉寂寞。当邻居发现老人已死亡几天时，先给李朋打电话，要他来料理父亲的后事。李朋一到家，对老人的凄情视而不见，却在屋里东翻西找，最后在老人的枕头下摸出一张3万元的存折，里面还夹着一张字条。字条上写着："我有存款3万元，系我长期一点一点积蓄下来的，全部留给儿子李明。"李朋看后一愣，等他镇静下来后灵机一动，随即将字条中的"明"字改成"朋"字，他认为做得天衣无缝。第二天李明从外地赶来，见老父尸横寒所，悲凄之至，痛不欲生，怪自己没有尽到赡养扶助的责任。丧事办完后，李朋掏出字条交给李明说："你瞧瞧吧，这是爸爸临终前给我的。"李明看后却说："弟弟！不是我当哥哥的与你争这点钱，你这样做，可有点太伤老人的心！"李朋反而说："这是老人的遗嘱，他愿给谁就给谁，你瞧着眼热了是不是？有本事到法院告我去！"原来，哥哥李明已接到父亲临终前给他写的信，老人在信中历数次子李朋对自己如何如何不好，并写明3万元存折在枕头下，留给大儿子李明。既然弟弟如此无情无义又无礼，挑起矛盾，于是哥哥向人民法院提起诉讼。

在案件的审理过程中，存在两种不同的意见：一种意见认为，通过对字条和信件进行分析研究和鉴定，就可以查明弟弟李朋篡改了字条的内容，加上其对父亲生前没有尽赡养扶助义务，因此不但3万元存折理所当然应该按遗嘱由哥哥李明继承，还应该剥夺他对父亲遗产的继承权。另一种意见认为，即使李朋篡改了3万元存折的遗嘱，也不能因此剥夺他全部的遗产继承权。因为不能认定他符合丧失继承权的条件。

【法官讲法】

在遗嘱继承中，遗产的继承人及其继承遗产的数额等都是由被继承人在遗嘱中指定的，因此，遗嘱继承也叫指定继承。遗嘱继承制度确立后，法律赋予财产所有人不仅有依法处分自己生前所有财产的权利，而且还可以自由地处分自己死后遗产。这样有利于督促晚辈孝敬长辈、赡养扶助老人。

对于本案，首先要查明老人的遗嘱真正的内容是什么。现在弟弟拿了老人枕头底下的字条，即遗嘱凭据；哥哥手持老人临终前寄给他的一封信，也即遗嘱凭据。两份遗嘱的内容截然不同，互相矛盾。可经司法部门进行笔迹鉴定，揭穿弟弟李朋私自将所持的遗嘱“明”字改成了“朋”字的伎俩。遗嘱的真实意思是老人将3万元存款留给了大儿子李明，这是老人根据两个儿子生前对他的不同态度和实际表现作出的决定，也排除了老人生前自己改变遗嘱内容的可能性。

根据我国民法典第1125条第1款第4项的规定：伪造、篡改、隐匿或者销毁遗嘱，情节严重的，丧失继承权。如果篡改了遗嘱，但情节并不严重，不一定丧失继承权。本案中，父亲在世时，李朋并没有尽过赡养扶助义务。当父亲年老体弱，需要人照顾时，他不闻不问，致使老人孤单一人生活，凄凉寂寞，死后几天竟无人知晓。老人死后，他也不好好尽丧葬义务。当父亲横尸寒所时，连看也不看一眼，毫无悲伤的感情，一味忙于寻找父亲的衣物、遗书及值钱的东西，还篡改遗嘱，想达到剥夺哥哥继承权的目的，将父亲的遗产独占己有。其思想是卑鄙的，行为是恶劣的，情节应当是严重的。根据我国民法典的规定，本案中，老人3万元遗产应按照其遗嘱处理，全部由李明继承。老人的其他遗物，也因李朋丧失继承权，一概由李明继承。

【法条指引】

中华人民共和国民法典

第一千一百二十五条 继承人有下列行为之一的，丧失继承权：

（一）故意杀害被继承人；

（二）为争夺遗产而杀害其他继承人；

（三）遗弃被继承人，或者虐待被继承人情节严重；

（四）伪造、篡改、隐匿或者销毁遗嘱，情节严重；

（五）以欺诈、胁迫手段迫使或者妨碍被继承人设立、变更或者撤回遗嘱，情节严重。

继承人有前款第三项至第五项行为，确有悔改表现，被继承人表示宽恕或者事后在遗嘱中将其列为继承人的，该继承人不丧失继承权。

受遗赠人有本条第一款规定行为的，丧失受遗赠权。

最高人民法院关于适用《中华人民共和国民法典》继承编的解释（一）

第九条　继承人伪造、篡改、隐匿或者销毁遗嘱，侵害了缺乏劳动能力又无生活来源的继承人的利益，并造成其生活困难的，应当认定为民法典第一千一百二十五条第一款第四项规定的“情节严重”。

4. 买断工龄款是否可以作为遗产进行分配？

【维权要点】

买断工龄款到底是属于夫妻一方的个人财产还是夫妻的共同财产，我国法律和有关司法解释尚没有明确。理论界对这个问题争议较大，司法实践中法律适用也不尽一致，判决结果甚至存在天壤之别。我们认为，从立法本意来看，买断工龄款宜推定为夫妻共同财产。在作为遗产分配时，应首先分出配偶的财产。

【典型案例】

2017 年 9 月，田某与单位解除劳动合同，领取买断工龄款 30 余万元。2021 年 2 月，田某因病去世，该款尚余 20 余万元。田某的母亲认为该款项应按田某个人财产进行继承分配，而田某的妻子则认为该款项属于夫妻双方共同财产，田某之母只能按法定继承顺序继承田某个人的部分，无权继承自己的部分。双方发生争议，起诉至人民法院。在案件的审理过程中，存在两种不同的意见：一种意见认为，买断工龄款应属田某的个人财产。理由是：买断工龄款是企业对职工下岗后的生活费补偿，是为了保障其基本生存需要的费用，具有一定的专属性。因此，职工的买断工龄款应属个人财产。另一种意见认为，买断工龄款应属夫妻共同财产。理由是：我国民法典婚姻家庭编采取的是法定夫妻财产共有制，即只要当事人没有特殊约定，婚姻关系存续期间所得的财产理论上都应当认定为夫妻共同财产。民法典明确规定可以认定共同财产的范围中包括工资、奖金等。《最高人民法院关于适用〈中华人民共和国民法典〉婚姻家庭编的解释(一)》第25条第2项、第3项规定，男女双方实际取得或者应当取得的住房补贴、住房公积金、基本养老金、破产安置补偿费属夫妻共同财产。买断工龄款与工资等具有相似之处，与破产安置补偿费等性质相同。因此，买断工龄款应属于夫妻共同财产。

【法官讲法】

所谓“买断工龄”，实际上是企业自行确定的对被解除劳动关系的劳动者的一种经济补偿。要正确认定其性质，就应当对夫妻共同财产与个人财产的区别进行分析。

第一，夫妻共同财产与个人财产的基本特性不同。我国实行法定的夫妻财产共有制，夫妻在婚姻关系存续期间所得的财产系夫妻共同所有，其自婚姻关系成立时起至夫妻关系终止之日消灭。是否婚后取得是划分共同财产与个人财产的一个首要标准，所以共同财产的基本特性表现在取得时间方面。当然，在市场经济快速发展的今天，强调对公民个人私有财产所有权的保护也极为必要，民法典采取列举式的方式予以确定个人财产。民法典第1063条规定：“下列财产为夫妻一方的个人财产：（一）一方的婚前财产；（二）一方因受到人身损害获得的赔偿或者补偿；（三）遗嘱或者赠与合同中确定只归一方的财产；（四）一方专用的生活用品；（五）其他应当归一方的财产。”从该法所列举的几项个人财产来看，除个人婚前财产外，其余几项均与公民个人特定的身份密不可分，即只有那些与个人身份不可分离的婚后所得财产和未获经济利益的知识产权，才能被纳入个人财产的范围。所以，婚后个人财产的基本特性表现为人身依附性。在夫妻关系存续期间得到的买断工龄款，应作为家庭的共同生活费用，不具有人身依附性，不能由夫或妻一方独享。

第二，夫妻共同财产与个人财产行使的主体不同。通过继受取得的个人财产应按被继承人或赠与人的意思指定，而通过原始取得的个人财产则需要依附于夫或妻一方的特定身份并受其本人的意思支配。该财产的占有、使用、收益和处分应该而且只能归夫或妻一方行使，并完全受所有权人的主观意志所控制，他人不得干涉。可见，个人财产不论是通过原始方式还是继受方式所取得的，均带有强烈的主观性色彩，这使其具备了特定物的某些性质。买断工龄款则不同，虽然它与夫或妻一方的行为、活动密切相关，但该财产应由夫妻双方共同管理和支配，体现的是夫妻双方共同的意志，所以它不具有个人主观性，因而不具备特定物的某些性质。

第三，买断工龄款是企业或者单位针对个人对于社会的贡献，并针对个人收益采取的一种特殊的分配方式。而只要是夫妻关系存续期间，一方的收入即应视为夫妻的共同财产。

第四，从立法上分析，民法典在规定共同财产和个人财产时采用了排除方式：第一步按取得时间把婚前财产排除在共同财产之外，第二步再将虽为婚后取得但应属个人特有的部分剔除。这一划分方式是由两者间具有一般到个别的辩证关系所决定的。根据这一立法理念，在确定买断工龄款的性质时，可以采用逆推的方法，即看其与个人财产的性质是否相符，买断工龄款不具个人附属性、个人主观性，不能推出是个人财产性质，那么就应当推定其为共同财产。

综上分析，田某的买断工龄款属夫妻共同财产。对此款项应当先分出田某之妻的部分，而后按法定继承顺序在田某之母与田某之妻之间分配。

【法条指引】

中华人民共和国民法典

第一千一百五十三条 夫妻共同所有的财产，除有约定的外，遗产分割时，应当先将共同所有的财产的一半分出为配偶所有，其余的为被继承人的遗产。

遗产在家庭共有财产之中的，遗产分割时，应当先分出他人的财产。

5. 再婚老人是否有权相互继承配偶的遗产？

【维权要点】

老年再婚夫妻在取得婚姻登记机关的结婚证明后，就是合法夫妻。夫妻之间互为第一顺序继承人，有权相互继承对方的遗产。

【典型案例】

老人白某自年轻守寡，后经人介绍，与家境不错的老人于某结婚。婚后生活不到一年，于某突发心脏病，抢救无效死亡。办完丧事第二天，白某尚沉浸在丧夫之痛中，于某的儿女就限令其一天内搬离于家。白某无奈，将于某子女诉至人民法院，要求继承于某遗留的四间房屋及财产。在案件的审理过程中，存在两种不同的意见：一种意见认为，于某在老伴去世后就应该进行析产，现于某去世，于某夫妇的所有遗产都应该由他们的子女继承。白某和于某结婚不到一年，对家庭财产的积累没有作出贡献，不应该继承遗产。另一种意见认为，白某已经与于某结婚，在法律上和事实上均是民法典继承编中所指的第一顺序继承人，有和于某的子女共同继承遗产的权利。

【法官讲法】

老年人再婚遗产的继承一般有三种情况：（1）再婚夫妻之间遗产继承权的问题。我国民法典第1061条明文规定："夫妻有相互继承遗产的权利。"老年人再婚夫妻在取得婚姻登记机关的结婚证明后，就是合法夫妻，民法典上所说的夫妻当然也包括老年人再婚的夫妻，这是毋庸置疑的。老年人再婚夫妻双方当然也有相互继承遗产的权利。（2）老年人再婚后的继子女是否有继承继父母遗产的权利，继父母是否有继承继子女遗产的权利。我国民法典第1070条规定："父母和子女有相互继承遗产的权利。"第1072条第2款规定："继父或者继母和受其抚养教育的继子女间的权利义务关系，适用本法关于父母子女关系的规定。"一般老年人再婚时，儿女均已成年，继父母没有对继子女进行抚养教育，因此，继父母无权继承继子女的遗产，继子女也无权继承继父母的遗产。（3）老年人再婚后，继子女有无赡养继父母的义务。权利和义务是对等的。老年再婚的继父母既然没有尽抚养继子女的义务，继子女也没有赡养继父母的义务。但尊老敬老是中华民族的美德，许多人都在关心和照顾与自己没有任何关系的老人，何况继父继母。本案中，白某虽然与于某是再婚夫妻，且生活时间较短，但她是于某的合法妻子，根据我国民法典第1127条的规定，遗产按照下列顺序继承：第一顺序：配偶、子女、父母；第二顺序：兄弟姐妹、祖父母、外祖父母。

本案中，白某是民法典中所指的第一顺序继承人，当然可以继承于某的遗产。

【法条指引】

中华人民共和国民法典

第一千一百二十七条 遗产按照下列顺序继承：

（一）第一顺序：配偶、子女、父母；

（二）第二顺序：兄弟姐妹、祖父母、外祖父母。

继承开始后，由第一顺序继承人继承，第二顺序继承人不继承；没有第一顺序继承人继承的，由第二顺序继承人继承。

本编所称子女，包括婚生子女、非婚生子女、养子女和有扶养关系的继子女。

本编所称父母，包括生父母、养父母和有扶养关系的继父母。

本编所称兄弟姐妹，包括同父母的兄弟姐妹、同父异母或者同母异父的兄弟姐妹、养兄弟姐妹、有扶养关系的继兄弟姐妹。

第一千一百五十三条 夫妻共同所有的财产，除有约定的外，遗产分割时，应当先将共同所有的财产的一半分出为配偶所有，其余的为被继承人的遗产。

遗产在家庭共有财产之中的，遗产分割时，应当先分出他人的财产。

6. 受遗赠人先于遗赠人死亡，其子女是否可以代位继承？

【维权要点】

遗赠与遗嘱继承一样，不适用代位继承的规定。遗嘱继承人（受遗赠人）先于遗嘱人（遗赠人）死亡的，遗产中的有关部分按照法定继承处理。

【典型案例】

原告陈某的父亲陈甲与被告顾某的父亲顾乙是多年好朋友。年轻时顾乙受陈甲帮助较多。近年来，陈甲身体健康状况不佳，经济窘迫。为报答陈甲对自己的照顾，2014 年顾乙自书遗嘱处分自有财产，明确将自建房屋中的厢房两间（顾乙自己居住），待他死亡后遗赠给陈甲。遗赠的内容陈甲及其子陈某都知道。2018 年，陈甲病故，顾乙并未因此而改变遗嘱的内容。2021 年初，顾乙也去世。顾家在按死者遗嘱分割遗产时，陈甲的儿子陈某要求按遗嘱取得被继承人原遗赠给他父亲陈甲的两间厢房的所有权，遭到顾家的拒绝。陈某诉至人民法院。在案件的审理过程中，存在两种不同的意见：一种意见认为，遗赠是当事人对自己财产的处理决定，在立遗赠的时候，受遗赠人就已经取得了财产所有权。因此，陈某在父亲陈甲死亡后可以接受两间房屋的遗赠。另一种意见认为，遗赠并不在立遗赠时转移财产所有权，受遗赠人已经先于遗赠人死亡，遗赠也就随之无效，陈某不能代替父亲陈甲接受两间房屋的遗赠。

【法官讲法】

民法典第 1158 条规定："自然人可以与继承人以外的组织或者个人签订遗赠扶养协议。按照协议，该组织或者个人承担该自然人生养死葬的义务，享有受遗赠的权利。"因此，遗赠就是遗赠人用遗嘱的方式，把财产无偿地赠送给国家、集体或法定继承人以外的个人。因遗赠是用遗嘱的方式确定的内容，因而必须遗赠人死亡后，遗嘱发生法律效力时，遗赠才能生效。由于遗赠只能在遗嘱人死亡时才生效，所以受遗赠人如果先于遗赠人死亡，其本人尚未实际取得遗赠财产，其继承人当然不存在代替受遗赠的问题。因此，受遗赠人的继承人谈不上代为接受遗赠的财产。可见，遗赠与遗嘱继承一样，不得适用代位继承的规定。

本案中，原告陈某的父亲陈甲死在遗赠人顾乙之前，顾乙遗嘱中有关遗赠两间厢房给陈甲所有的内容，因为作为特定的权利主体的陈甲已经死亡而不发生法律效力。陈甲之子陈某在顾乙死亡后，要求实现其父陈甲生前未取得，死后不能取得的权利，即要求顾乙的继承人按遗嘱内容分割原遗嘱中准备赠与的财产，是没有法律依据的。因此，陈某不能代替他父亲接受遗赠。至于原遗嘱中准备遗赠给陈甲的两间房屋，由于遗嘱这部分内容无效，被继承人又未另立遗嘱处分这两间房屋，则应按法定继承处理，由被继承人的法定继承人继承。

【法条指引】

中华人民共和国民法典

第一千一百五十四条　有下列情形之一的，遗产中的有关部分按照法定继承办理：

（一）遗嘱继承人放弃继承或者受遗赠人放弃受遗赠；

（二）遗嘱继承人丧失继承权或者受遗赠人丧失受遗赠权；

（三）遗嘱继承人、受遗赠人先于遗嘱人死亡或者终止；

（四）遗嘱无效部分所涉及的遗产；

（五）遗嘱未处分的遗产。

7. 妻子病重时丈夫执笔的遗嘱，是代书遗嘱还是共同遗嘱？

【维权要点】

共同遗嘱是指两个或两个以上的遗嘱人将其共同一致的意思表示通过一个遗嘱表现出来，形成一个内容共同或相互关联的整体遗嘱。共同遗嘱具有四个法律特征：一份遗嘱中有两个或两个以上遗嘱人；遗嘱内容是遗嘱人共同的意思表示；共同遗嘱处分的一般是遗嘱人的共同财产；共同遗嘱内容具有严格的内在整体性。

【典型案例】

万女与万男系姐弟关系。2018 年，他们父母的两间房屋被拆迁，两人的父母当时立下遗嘱，明确安置的门面房在父母身故后归万女所有。后万女的父亲领取了房屋所有权证。2020 年，在万女的母亲去世前，由万女父亲执笔，万女的父母又立了遗嘱一份，载明在万女母亲去世后，由万女父亲将安置的门面房一并赠与万男，万女父亲的生养死葬事宜均由万男负责，与其他子女无关。万女的父母亲均在遗嘱的“赠与人”一栏中签字。2021 年，万女的父亲又与万男订立赠与合同一份，将门面房赠与万男，房屋所有权证变更登记在万男名下。后万女诉至人民法院，认为 2020 年遗嘱不是其母亲的真实意思，且不符合代书遗嘱的法律规定，故请求确认其父母于 2020 年所立的遗嘱无效，并撤销父亲涉及母亲的财产部分的赠与行为。在案件的审理过程中，存在两种不同的意见：一种意见认为，根据法律规定，代书遗嘱应当由两个以上见证人在场见证，由其中一人代书，注明年、月、日，并由代书人、其他见证人和遗嘱人签名。原告母亲的遗嘱由原告父亲代书，但无其他见证人在场见证，故该代书遗嘱无效。根据2018年遗嘱，原告有权继承其母亲在门面房中的相应份额，原告父亲的赠与行为处分了原告的财产，该部分应为无效。另一种意见认为，原告父母于2020年所立遗嘱不属代书遗嘱，应当属于共同遗嘱。其内容与原告父母于2018年所立遗嘱的内容相抵触，应推定为2018年遗嘱被撤销，原告已无权继承该门面房。万女的父亲将门面房赠与万男属有权处分，应为有效。

【法官讲法】

在本案中，首先，2020年遗嘱不是代书遗嘱。代书遗嘱是指由他人代为书写的遗嘱。在代书遗嘱中，代书人应当以“代书人”或“见证人”的名义出现，职责仅为代书和见证，其代书的内容来源于遗嘱人的意思表示，代书人本人不作出有关遗嘱内容的意思表示。2020年遗嘱虽是由原告的父亲执笔，对于原告的母亲来讲，遗嘱似乎是由“他人代书”，但原告的父亲是作为“赠与人”签名，表明门面房由被告继承也是原告父亲的意思表示，所以不应认定其为“代书人”。

其次，2020年遗嘱属共同遗嘱。所谓共同遗嘱，是指两个或两个以上的遗嘱人将其共同一致的意思表示通过一个遗嘱表现出来，形成一个内容共同或相互关联的整体遗嘱。共同遗嘱具有四个法律特征：（1）一份遗嘱中有两个或两个以上遗嘱人；（2）遗嘱内容是遗嘱人共同的意思表示；（3）共同遗嘱处分的一般是遗嘱人的共同财产；（4）共同遗嘱内容具有严格的内在整体性。本案中，2020年遗嘱完全符合共同遗嘱上述四个法律特征。一份遗嘱中的遗嘱人为两人，即原告的父母；遗嘱人具有共同的意思表示，原告父母都同意门面房由被告继承；该遗嘱处分的是原告父母，即遗嘱人的共同财产；原告父母的意思表示是将整间门面房由被告继承，而不仅仅是处分各自的财产份额，在内容上具有整体性，属于共同遗嘱。由于万女父母2020年所立遗嘱属于共同遗嘱，在其内容与2018年双方所立遗嘱相抵触情况下，应视为2018年遗嘱被撤销，原告万女已经无权继承该门面房。万女父亲将门面房赠与万男的行为应视为有效。因此，万女主张得不到支持。

【法条指引】

中华人民共和国民法典

第一千一百三十四条　自书遗嘱由遗嘱人亲笔书写，签名，注明年、月、日。

第一千一百三十五条　代书遗嘱应当有两个以上见证人在场见证，由其中一人代书，并由遗嘱人、代书人和其他见证人签名，注明年、月、日。

第一千一百三十六条　打印遗嘱应当有两个以上见证人在场见证。遗嘱人和见证人应当在遗嘱每一页签名，注明年、月、日。

第一千一百三十七条　以录音录像形式立的遗嘱，应当有两个以上见证人在场见证。遗嘱人和见证人应当在录音录像中记录其姓名或者肖像，以及年、月、日。

第一千一百三十八条　遗嘱人在危急情况下，可以立口头遗嘱。口头遗嘱应当有两个以上见证人在场见证。危急情况消除后，遗嘱人能够以书面或者录音录像形式立遗嘱的，所立的口头遗嘱无效。

第一千一百三十九条　公证遗嘱由遗嘱人经公证机构办理。

8. 立遗嘱人的配偶作为代书遗嘱的见证人，该遗嘱是否有效？

【维权要点】

代书遗嘱必须有两个以上见证人在场见证。以下人员不能作为见证人：无行为能力人、限制行为能力人；继承人、受遗赠人；与继承人、受遗赠人有利害关系的人。配偶是法定的第一顺序继承人，显然不能作为代书遗嘱的见证人。如果除去以上几类人员外，见证人不足两人的，代书遗嘱无效。

【典型案例】

张某已经73岁，自感身体一天不如一天，因此他想到该立一个遗嘱了，于是派妻子去请来本村较有名望的徐、宋两位先生来帮自己立遗嘱，可是由于宋某有事出远门了，只有徐某来了，着急立遗嘱的张某让徐某写好遗嘱，自己在上面签名，又让徐某和妻子作为见证人在遗嘱上签名。张某去世后，子女为遗产闹上法庭。在案件的审理过程中，存在两种不同的意见：一种意见认为，这份遗嘱有效，因为这份代书遗嘱符合法律形式的要求。另一种意见认为，这份代书遗嘱无效，因为法律对代书遗嘱的见证人有特殊要求，此遗嘱人的配偶作为见证人的遗嘱无效。

【法官讲法】

我国民法典规定可以通过代书遗嘱的方式处理自己的遗产，这是立遗嘱人处理自己遗产的方式之一。民法典第1135条规定："代书遗嘱应当有两个以上见证人在场见证，由其中一人代书，并由遗嘱人、代书人和其他见证人签名，注明年、月、日。"本案中，从张某立遗嘱的过程看，这份代书遗嘱似乎符合法律要求，但法律对遗嘱见证人同时作出了严格的规定，并不是每一个人都可以作为遗嘱见证人。民法典第1140条规定："下列人员不能作为遗嘱见证人：（一）无民事行为能力人、限制民事行为能力人以及其他不具有见证能力的人；（二）继承人、受遗赠人；（三）与继承人、受遗赠人有利害关系的人。"

这些人不能作为遗嘱见证人的原因在于，无行为能力人、限制行为能力人本身不能完全理解自己的行为所带来的后果，他们往往容易被人利用，因此，他们作为遗嘱见证人起不到法律上所要求的见证作用。继承人、受遗赠人，与继承人、受遗赠人有利害关系的人由于他们与继承存在利害关系，因此有可能会使他们在见证过程中歪曲遗嘱人的遗嘱，作出有利于自己或自己近亲属利益的行为，这样也会损害遗嘱人和其他继承人、受遗赠人的利益，因此，民法典规定他们也不能作为遗嘱见证人。本案中，张某的配偶本身就是继承人，因此不能作为张某遗嘱的见证人。因此，张某所立遗嘱不符合代书遗嘱中要求两名见证人的要求，所以这份遗嘱无效，应该按照法定继承分配遗产。

【法条指引】

中华人民共和国民法典

第一千一百四十条 下列人员不能作为遗嘱见证人：

（一）无民事行为能力人、限制民事行为能力人以及其他不具有见证能力的人；

（二）继承人、受遗赠人；

（三）与继承人、受遗赠人有利害关系的人。

最高人民法院关于适用《中华人民共和国民法典》继承编的解释（一）

第二十四条　继承人、受遗赠人的债权人、债务人，共同经营的合伙人，也应当视为与继承人、受遗赠人有利害关系，不能作为遗嘱的见证人。

9. 夫妻立下共同遗嘱后一方又重新设立，其效力如何认定？

【维权要点】

如果遗嘱继承人有过错，甚至有谋害、虐待、遗弃被继承人的情形时，共同遗嘱人一方有权撤销、变更遗嘱，剥夺遗嘱继承人的继承权。

【典型案例】

张某、魏某夫妇生有一子一女，儿子叫张大军，女儿叫张小兰。老两口想把自己一套三居室的房子留给他疼爱的孙子张凡。2019 年 6 月 29 日，两位老人共同立下了一份遗嘱，并进行了公证。内容是：我们夫妻共同订立遗嘱，决定我们两个人中先去世的一方的遗产由另一方继承。后去世的一方的遗产由儿子张大军继承后留给孙子张凡。其他人均没有继承权，我们夫妻二人无论谁先去世，另一方不得更改或撤销本遗嘱。2021 年 5 月，张某因病去世。因为知道父母已经立下遗嘱将财产交由自己继承，张大军开始对其母不闻不问，不尽赡养义务，魏某的日常生活起居都由女儿照顾。2021 年 10 月，魏某也离开了人世。正当张大军向房产管理部门申请变更登记时，却收到人民法院的传票，自己被妹妹张小兰告上了法庭，妹妹要求分得部分房产。这个消息让张大军感到意外。因为对父母生前立遗嘱一事妹妹是知情的，如今母亲去世还不到一年，妹妹怎敢公然违背老人的意愿提出分房产呢？当他拿着父母的共同遗嘱来到法庭时，意外地发现了第二份遗嘱。原来母亲在父亲去世 3 个月后立下了新的遗嘱。内容是：

"我现在决定撤销2019年与丈夫张某立的遗嘱，根据目前我的生活起居状况，决定将房产在我百年以后遗留给小女儿张小兰继承。"而且这份遗嘱也进行了公证。

在案件的审理过程中，存在四种不同的意见：第一种意见认为，夫妻共同遗嘱应遵守我国法律关于遗嘱的规定，立遗嘱人有权变更自己所立的遗嘱，并应以被继承人最后的遗嘱为准，因此，本案房产应由张小兰继承。第二种意见认为，夫妻共同遗嘱是双方的法律行为，具有法律约束力，夫妻双方必须遵守。如果允许一方任意撤销、变更遗嘱中对自己遗产的处分，则会违背另一方的意见。魏某对共同遗嘱的撤销权因张某的死亡而归于消灭，即不得通过另一份公证遗嘱撤销共同遗嘱，所以根据共同遗嘱该房产应由张大军继承。第三种意见认为，共同遗嘱是当事人真实意思的反映，是有效的。但共同遗嘱只对已死亡的遗嘱人的遗产产生效力，而活着的遗嘱人则有权保留属于自己的那部分财产，有权随时变更或撤销所立遗嘱。所以，张某的遗产应由张大军继承，魏某的遗产应根据变更后的遗嘱由张小兰继承，即张大军、张小兰各继承房产的一半。第四种意见认为，民法典第1142条规定了"遗嘱人可以撤回、变更自己所立的遗嘱"，魏某立的第二份遗嘱实际上是撤销了共同遗嘱，故本案中张某的遗产由其法定继承人魏某、儿子张大军、女儿张小兰共同继承，魏某的遗产则根据遗嘱由张小兰继承。

【法官讲法】

所谓共同遗嘱又称合立遗嘱、联合遗嘱、共立遗嘱，是指两个或两个以上的遗嘱人共同订立的同一份遗嘱。共同遗嘱根据其内容可以分为单纯的共同遗嘱、相互的共同遗嘱和相关的共同遗嘱。本案中的共同遗嘱属于相关共同遗嘱，即相互以他方之遗嘱为条件的遗嘱。尽管现实生活中大量存在共同遗嘱，特别是夫妻共同遗嘱，但我国民法典对此没有相关的规定，司法实践中也缺乏统一的标准，通常是根据遗嘱的具体内容来裁判的。

对共同遗嘱的效力不能一概而论，应根据遗嘱的内容和实际情况而定。本案中，张、魏夫妇生前立下遗嘱，将遗产的继承权赋予张大军，并无违法之处，共同遗嘱有效，而且共同遗嘱人的撤销权因夫妻一方死亡而归于消灭。但是，如果继承人有过错，甚至谋害、虐待、遗弃被继承人时，共同遗嘱人一方能不能撤销、变更遗嘱呢？我们认为，在这种情况下，共同遗嘱人应当有权剥夺遗嘱继承人的继承权。本案中，张某死后，张大军开始对魏某不闻不问，不尽赡养义务，魏某的日常生活起居都由女儿照顾，也就是说张大军有过错，这个时候作为共同遗嘱人之一的魏某有权撤销、变更自己与配偶所立的共同遗嘱，剥夺继承人的继承权。魏某因为儿子不尽孝而另立遗嘱实际上就是行使撤销权。共同遗嘱被撤销，张某的遗产应由魏某、张大军和张小兰继承，而魏某的遗嘱合法、有效，其遗产应由张小兰继承。据此，房产的最后分配应该是张大军继承房产的六分之一，张小兰继承房产的六分之五。

【法条指引】

中华人民共和国民法典

第一千一百四十二条　遗嘱人可以撤回、变更自己所立的遗嘱。

立遗嘱后，遗嘱人实施与遗嘱内容相反的民事法律行为的，视为对遗嘱相关内容的撤回。

立有数份遗嘱，内容相抵触的，以最后的遗嘱为准。

10. 危急情况下订立口头遗嘱，病情好转后是否继续有效？

【维权要点】

遗嘱人在危急情况下，可以立口头遗嘱。口头遗嘱应当有两个以上见证人在场见证。危急情况解除后，如果遗嘱人能够用书面或者录音录像形式设立遗嘱，所立的口头遗嘱无效。

【典型案例】

黄平、黄安是兄妹俩。他们的父亲黄林在2019年3月突发中风，情况十分危急，在这种情况下，黄林当着医护人员的面立下口头遗嘱，说自己去世后，房屋和存款由儿子黄平继承，他们母亲遗留下来的首饰由女儿黄安继承。经过医护人员的全力抢救，黄林有惊无险，病情得到控制并逐渐好转，又活了好几年后去世。在黄林去世后，黄安认为应该平均分配黄林留下的遗产，黄平则认为应该按照父亲的口头遗嘱分配遗产，双方最终走上法庭。在案件的审理过程中，存在两种不同的意见：一种意见认为，黄林在突发中风的危急时刻立下口头遗嘱，是他对自己的遗产处理的一种真实意愿，在病情好转后他并没有改变自己的意愿，因此应该按照黄林的口头遗嘱分配遗产。另一种意见认为，黄林的口头遗嘱是在危急时刻作出的，在危急情况解除后，这份口头遗嘱自然失效，在黄林没有立下其他遗嘱的情况下，应该按照法定继承分配遗产。

【法官讲法】

口头遗嘱是指遗嘱人在危急情况下，以口述形式所立的遗嘱。由于口头遗嘱是以口述形式来确定遗嘱人的意思表示，而非书面形式，且具有紧急性，在司法实践中较易产生纠纷，在对其效力的认定上也存在一些争议，所以有必要对口头遗嘱的效力及认定进行探讨。根据我国民法典第1138条之规定，遗嘱人在危急情况下，可以立口头遗嘱。口头遗嘱应当有两个以上见证人在场见证。危急情况消除后，遗嘱人能够以书面或者录音录像形式立遗嘱的，所立的口头遗嘱无效。由上述规定可以看出，有效的口头遗嘱应当具备以下几个要件：（1）遗嘱人必须是处在情况危急时刻；（2）遗嘱人立遗嘱时必须具有民事行为能力；（3）应当有两个以上的见证人在场见证；（4）遗嘱人要以口述形式表示其处理遗产的真实意思。上述四个要件缺一不可，不具备该四个要件的口头遗嘱当属无效遗嘱。在司法实践中，对口头遗嘱效力的认定要从口头遗嘱的四个要件上进行分析认定。

首先，法律规定的口头遗嘱只能是在危急情况下的应急措施，以危急情况为其适用要件，不是任何场合都可以使用的立遗嘱的方式。主要有以下几种情况：（1）遗嘱人因病危濒临死亡时，在病榻上所立的口头遗嘱；（2）因自然灾害致使遗嘱人处于生命危险时，在遇难现场所立的口头遗嘱；（3）在战争中遗嘱人身负重伤，生命垂危时，在战场上所立的口头遗嘱；（4）遗嘱人遭遇不法侵害，生命垂危时，在遇害现场所立的口头遗嘱；（5）遗嘱人在航海、航空中遇到事故，生命有危险时，在航空器或船舶上所立的口头遗嘱。但上述口头遗嘱在危急情况解除后，遗嘱人能够用书面或者录音录像形式立遗嘱时，先前所立的口头遗嘱无效。我国民法典对口头遗嘱有效期未作时间规定，只是在条件上进行了限制。所以，在司法实践中确定口头遗嘱的效力时，不必考虑期限问题。这里所说的“危急情况”，是指遗嘱人有生命危险，来不及或者不宜用其他形式立遗嘱的情况。当没有危急情况发生时，就不具备设立口头遗嘱的先决条件。所以，遗嘱人在通常情况下不能立口头遗嘱，即使立有口头遗嘱也是无效的。司法实践中常遇到农村中一些老人邀请家庭成员和村干部共同召开家庭会议，以安排其后事的形式所作的口头陈述。如果当时老人已处在危急时刻，可以认定为口头遗嘱；如果当时老人没有处在危急时刻，则不能认定为口头遗嘱。

其次，遗嘱人立遗嘱时必须具有民事行为能力。根据我国民法典的规定，无民事行为能力人实施的或者限制民事行为能力人依法不能独立实施的民事行为无效；无行为能力或者限制行为能力人所立的遗嘱无效。据此可知，法律要求遗嘱人立遗嘱时必须有行为能力，无行为能力人所立的遗嘱，即使其本人后来有了行为能力，仍属无效遗嘱。遗嘱人立遗嘱时有行为能力，后来丧失了行为能力，不影响遗嘱的效力。在实践中，应当审查遗嘱人口述遗嘱时是否是完全民事行为能力人、是否丧失了民事行为能力、是否神志清醒、是否能用语言清楚地表达出自己的真实意思。如遗嘱人当时不具有行为能力、已丧失行为能力、神志不清、不能清晰地用语言表达自己的真实意思的情况下，所立的遗嘱无效。

再次，口头遗嘱需要有两个以上的见证人在场见证。对于见证人的主体资格问题，我国民法典对此作了排除性限定。下列人员不能作为遗嘱见证人：(1) 无民事行为能力人、限制民事行为能力人以及其他不具有见证能力的人；(2) 继承人、受遗赠人；(3) 与继承人、受遗赠人有利害关系的人。对于民法典所规定的“继承人”不能作为见证人，是特指实际继承遗产的继承人呢，还是泛指有资格成为继承人的所有法定顺序继承人？在司法实践中存在争议。笔者认为，对于见证人的限制应当包括所有的法定顺序继承人。根据我国民法典所规定的遗嘱继承优于法定继承原则，遗嘱继承本身就排除了法定继承，剥夺了其他法定继承人的继承权，可以说其他法定继承人与遗嘱内容有直接的利害关系。所以，没有实际继承遗产的具有法定继承人资格的人不宜作为遗嘱见证人。这里所谓与继承人、受遗赠人有利害关系的人，既应包括继承人、受遗赠人的近亲属，也应包括继承人、受遗赠人的债权人、债务人、共同经营合伙人。除上述几种人外，其他人都有资格担当遗嘱见证人。

最后，遗嘱人要以口述的形式表示其处理遗产的真实意思，即要用语言向见证人授遗。一般要用当地通用的见证人能够听懂的语言进行陈述，语言要准确明了，不能含混不清。如果遗嘱人采用了书面或录音录像形式所立的遗嘱则不是口头遗嘱。在司法实践中常会遇到针对旁人的提问遗嘱人所作的摇头或者点头的表示，或者是以手势的形式来表达意思的情况。这种表示是否应认定为口头遗嘱存有争议。如将点头、摇头和手势这种表示认定为口头遗嘱，此观点显然不符合我国民法典的立法原意。因为遗嘱人用点头或者摇头的方式表示其意思时，是必须借助他人的提问行为才能完成的，这并不完全是遗嘱人自己的意思表示，极易曲解遗嘱人的真实意思；而使用手势的方式表达意思时，由于不同的人对同一手势的理解不同，也容易产生歧义。同时，点头、摇头和手势均没有以语言表达方式表示其意思，不符合法律所规定的口述的形式。所以，对点头，摇头和手势方式表示其意思的，均不能认定为口头遗嘱，对此种情况不能按遗嘱继承，应当按法定继承方式处理被继承人的遗产。但是对于聋哑人以手势方式来表示其意思的，而且是对在场的懂晓手语的见证人所作的表示，应当认定为口头遗嘱。遗嘱人的口头遗嘱必须是其真实意思表示，受胁迫、欺骗所立的口头遗嘱无效。见证人必须全面真实地将遗嘱人口头所述的处理其遗产的意思如实地转达给继承人或相关的部门和机关，并尽量将遗嘱人的原话表述出来。由于我国民法典没有对口头遗嘱进行书面记录和录音录像的要求，极易造成见证人伪造、篡改口头遗嘱的情况发生。所以，见证人伪造遗嘱人的口头遗嘱无效，口头遗嘱被见证人篡改的，篡改的内容无效。

本案中，立遗嘱人黄林在中风病情好转后，完全有能力用书面或录音的方式设立遗嘱，这就使他在病发时所立口头遗嘱失效。在他没有采用其他有效方式设立遗嘱的情况下，只能按照法定继承的方式来分配遗产。黄平要求以黄林的口头遗嘱来分配遗产的要求不能得到支持。

【法条指引】

中华人民共和国民法典

第一千一百三十四条 自书遗嘱由遗嘱人亲笔书写，签名，注明年、月、日。

第一千一百三十五条 代书遗嘱应当有两个以上见证人在场见证，由其中一人代书，并由遗嘱人、代书人和其他见证人签名，注明年、月、日。

第一千一百三十六条 打印遗嘱应当有两个以上见证人在场见证。遗嘱人和见证人应当在遗嘱每一页签名，注明年、月、日。

第一千一百三十七条 以录音录像形式立的遗嘱，应当有两个以上见证人在场见证。遗嘱人和见证人应当在录音录像中记录其姓名或者肖像，以及年、月、日。

第一千一百三十八条 遗嘱人在危急情况下，可以立口头遗嘱。口头遗嘱应当有两个以上见证人在场见证。危急情况消除后，遗嘱人能够以书面或者录音录像形式立遗嘱的，所立的口头遗嘱无效。

第一千一百三十九条 公证遗嘱由遗嘱人经公证机构办理。

11. 病人在病危状态立下公证遗嘱，是否合法有效?

【维权要点】

遗嘱人立遗嘱时必须有行为能力。无行为能力人所立的遗嘱，即使其本人后来有了行为能力，仍属无效遗嘱。遗嘱人立遗嘱时有行为能力，后来丧失了行为能力，不影响遗嘱的效力。公证遗嘱是由遗嘱人经公证机构办理的，即便是病人在病危状态立下的，只要其未丧失行为能力，也应认定遗嘱有效。

【典型案例】

王某为某村村民，生有一子王甲。2008 年，在妻子去世后，王某与同村刘某结婚。2020 年 10 月 5 日，王某在病危状态立下公证遗嘱一份。内容为：王某在与刘某结婚前所建的正房五间及院落归王甲所有；王某与刘某的夫妻共同存款，属于王某的部分归王甲所有。10 月 6 日，王某去世，其与刘某在银行有存款 2. 59 万元。王某住院期间的医疗费及为王某办理丧葬的费用均由王甲支付。2021 年 2 月，王甲到人民法院起诉继母刘某，要求按其父王某生前所立的遗嘱来继承王某所遗留的财产。刘某以原告未对其父尽赡养义务，不能享有继承的权利，且王某在立遗嘱时已处于病危状态，遗嘱应属无效为由提出答辩，要求法院按法定继承分割遗产。

在案件的审理过程中，存在两种不同的意见：一种意见认为，王某的遗嘱合法有效，应该按照王某的意思表示对遗产进行分割。另一种意见认为，王甲在王某生病期间没有尽到应尽的赡养义务，而刘某对王某照顾较多，因此王某的遗嘱无效，应按照法定继承来分割王某的遗产。

【法官讲法】

本案的审理涉及以下两个法律问题。一是法定继承问题。根据民法典的有关规定，继承从被继承人死亡时开始。继承权男女平等。在法定继承中，由第一顺序继承人继承，第二顺序继承人不继承。没有第一顺序继承人继承的，由第二顺序继承人继承。本案中，原告王甲系被继承人王某的儿子，被告刘某系被继承人王某之妻，他们均是第一顺序继承人。一般情况下，他们应当均等地享有法定继承遗产份额的权利。但在本案中涉及被继承人的遗嘱，由于遗嘱继承优先于法定继承，如果遗嘱有效，本案就不能按法定继承处理，只能按照王某的遗嘱处理遗产。二是遗嘱继承及遗嘱效力问题。公民可以立遗嘱将个人财产指定由法定继承人中的一人或者数人继承。遗嘱分为公证遗嘱、自书遗嘱、代书遗嘱、录音遗嘱、口头遗嘱。公证遗嘱是由遗嘱人经公证机构办理的，程序规范性强。在本案中，被继承人生前立了公证遗嘱，被告要想主张此遗嘱无效，必须提出符合法律规定的无效事由及相关证据。在庭审中，被告主张了两方面：一是提出继承人王甲未尽赡养义务，丧失继承权；二是对王某立遗嘱时的行为能力提出异议。对于被告提的第一个问题，民法典第 1125 条第 1 款有明确规定，即继承人有下列行为之一的，丧失继承权：（1）故意杀害被继承人；（2）为争夺遗产而杀害其他继承人；（3）遗弃被继承人，或者虐待被继承人情节严重；（4）伪造、篡改、隐匿或者销毁遗嘱，情节严重；（5）以欺诈、胁迫手段迫使或者妨碍被继承人设立、变更或者撤回遗嘱，情节严重。本案中，被告刘某只是提出王甲未赡养王某，不符合民法典第 1125 条所规定的丧失继承权的情形，并且从王甲为王某交纳医疗费等行为看，被告的主张不属实，况且王某自愿立遗嘱将遗产留给王甲，说明王甲并没有伤害其与王某的父子感情。对于被告提出的第二个问题，根据法律规定，遗嘱人立遗嘱时必须有行为能力。无行为能力人所立的遗嘱，即使其本人后来有了行为能力，仍属无效遗嘱。在本案中，被继承人王某立遗嘱时虽在病中，但王某作为成年人，在公证人员面前所立的遗嘱应为其自己意志的真实体现。综上，王某所立的公证遗嘱是有效的。因此，根据该遗嘱，王某的房产应由王甲继承，刘某无权继承。存款因是夫妻共同财产，其中一半为王某的遗产，应归王甲所有。

【法条指引】

中华人民共和国民法典

第一千一百四十二条　遗嘱人可以撤回、变更自己所立的遗嘱。

立遗嘱后，遗嘱人实施与遗嘱内容相反的民事法律行为的，视为对遗嘱相关内容的撤回。

立有数份遗嘱，内容相抵触的，以最后的遗嘱为准。

最高人民法院关于适用《中华人民共和国民法典》继承编的解释（一）

第二十八条　遗嘱人立遗嘱时必须具有完全民事行为能力。无民事行为能力人或者限制民事行为能力人所立的遗嘱，即使其本人后来具有完全民事行为能力，仍属无效遗嘱。遗嘱人立遗嘱时具有完全民事行为能力，后来成为无民事行为能力人或者限制民事行为能力人的，不影响遗嘱的效力。

12. 老人与集体经济组织签订遗赠扶养协议，子女能否继承遗产？

【维权要点】

遗赠扶养协议是遗赠人和扶养人之间关于扶养人承担遗赠人的生养死葬的义务，遗赠人的财产在其死后转归扶养人所有的协议。双方当事人之间是一种平等、有偿、互为权利义务的关系。遗赠扶养协议是我国民法典继承编上一个具有中国特色的制度创新。遗赠扶养协议的法律效力高于法定继承和遗嘱继承。扶养人在履行完扶养义务后有权取得遗赠的遗产，遗赠人的子女等法定继承人不能继承遗赠的遗产。

【典型案例】

原告夏某（女）的生父于1991年死亡。同年，夏母与黄某结婚，夏某随母和继父共同生活。2002年，夏某结婚，随丈夫一起生活。黄某有祖遗房产四间，木帆船一只，以驾船运输为业。2002年2月，某县组织水上船民成立木帆船运输合作社，黄某带船入社。2008年，黄某因年老体弱不能再驾船运输，夫妻俩身边没有亲人，生活诸多不便。于是，黄某夫妻与木帆船运输合作社商定，由合作社负责黄某夫妻的生活费用和日常生活的照料，并负责其死后的安葬；黄某夫妻的房屋四间、木帆船一只，在其死后归合作社所有。在此期间，夏某虽未负担父母的生活费用，但经常看望父母，帮助料理家务。2020年、2021年黄某夫妻相继去世，由木帆船合作社负责安葬。2021年，合作社将黄某夫妻的遗产四间房屋出卖给他人，夏某认为这是侵犯了自己的继承权，遂向人民法院提起诉讼。

在案件的审理过程中，存在两种不同的意见：一种意见认为，黄某夫妻与木帆船合作社是遗赠扶养协议关系，木帆船合作社在履行扶养义务后可以取得遗产。另一种意见认为，黄某夫妻在丧失劳动能力后，木帆船合作社对其给予了“五保”待遇，在这种情况下，木帆船合作社不能取得遗产，黄某夫妻的遗产应该由其女儿夏某继承。

【法官讲法】

“五保”制度是我国农村建立在集体所有制经济基础上的养老制度。“五保户”是我国农村中没有亲属供养而享受社会保险的农户。享受“五保”的人通常都是缺乏或丧失劳动能力而又无近亲属赡养的老弱孤寡病残的农民。对于这些人，农村集体经济组织负责供养他们，使他们老有所养，生养死葬。对于“五保户”的遗产，根据民法典规定的精神，应当区别不同情况作不同处理。集体组织对“五保户”实行“五保”时，双方有扶养协议的，按照协议处理；没有扶养协议的，如果死者有法定继承人或遗嘱继承人要求继承的，在扣还死者生前的“五保”费用和合法债务后，其遗产可以按法定继承或遗嘱继承处理。

遗赠扶养协议是当事人之间的一种合同关系。民法典第1158条规定：“自然人可以与继承人以外的组织或者个人签订遗赠扶养协议。按照协议，该组织或者个人承担该自然人生养死葬的义务，享有受遗赠的权利。”根据这一规定，被扶养人有要求扶养的权利和恪守协议、不得对自己的财产作出不利于扶养人的处分等义务，扶养人有取得遗产的权利和扶养的义务。

应当明确：“五保”关系与遗赠扶养协议看起来相似，其实二者的法律关系是不同的，性质上有区别，遗产处理上并不一样。本案中，被继承人黄某夫妻与被告木帆船合作社之间的关系，显然是遗赠扶养协议关系，而不是“五保”与被“五保”的关系，木帆船合作社在履行扶养义务后应该取得遗产。

【法条指引】

中华人民共和国民法典

第一千一百五十八条　自然人可以与继承人以外的组织或者个人签订遗赠扶养协议。按照协议，该组织或者个人承担该自然人生养死葬的义务，享有受遗赠的权利。

13. 遗产的范围应当如何认定？

【维权要点】

在我国，遗产实行财产继承，而不实行身份继承。遗产是公民死亡时遗留下来的个人合法财产，包括财产权利，如财产所有权、债权和知识产权中的财产部分等，也包括财产义务，如应交纳的税款和遗留下的债务。被继承人的人身权，如姓名权、肖像权、署名权等不能作为遗产。遗产必须是公民生前个人合法取得的财产，非法占有国家、集体和他人的财产以及非法收入等不能作为遗产。遗产具有时间性，公民死亡时遗留下的财产才称为遗产。继承人继承遗产后，这部分财产就不再是遗产，而已成为继承人个人所有的财产。公民生前已经作了处分的财产，如消费、赠与等也不能算作遗产。

【典型案例】

孙甲与孙乙系孙某之子女。孙甲、孙乙二人的母亲早年病逝，父亲孙某于2021年11月7日因交通事故死亡，肇事人赔偿死亡补偿费6.76万元，孙乙全部据为己有。孙某单位给予的一次性经济补偿费、抚恤金、生活补助费2万元，保险公司给予的保险金3万元，孙乙也据为己有。孙甲多次催要均遭拒绝，遂形成纠纷。后孙甲以遗产继承纠纷为由向人民法院提起诉讼。

【法官讲法】

本案是由死者死亡补助费、经济补偿费的分配问题引起的财产纠纷。如果要作为遗产继承纠纷进行处理，必须首先确定所争议的财产到底是否属于遗产的范围。

遗产的范围，是指被继承人死亡之时可供继承人继承的遗产。在我国，遗产实行财产继承，而不实行身份继承。遗产是公民死亡时遗留下来的个人合法财产，包括财产权利和财产义务。对于被继承人的人身权，如姓名权、肖像权、署名权等不能作为遗产。非法占有国家、集体和他人的财产以及非法收入等不能作为遗产。我国民法典对遗产的范围作了较为明确的规定，实践中，应从以下几方面把握遗产的范围：（1）公民的收入。包括公民的工资、奖金、存款及利息，以及其他合法劳动的收入，接受赠与、继承等所得的财产。它还包括公民从事智力创作等所获得的收入。（2）公民的房屋、家具和生活用品。房屋是指地上建筑部分，并不包括房屋下边的宅基地。公民对宅基地只有使用权没有所有权，因此宅基地的所有权不能继承。家具和公民的生活用品都属于遗产范围。（3）公民的林木、牲畜和家禽。林木主要包括个人所有的住宅旁、院内的树木，也包括个人所有的果园等。牲畜和家禽是指公民个人饲养的马、牛、猪、鸡、鸭等。（4）公民的文物、图书资料。文物是指公民自己收藏的书画、古玩、艺术品等。继承时必须遵守我国文物保护法的有关规定。图书资料系指书籍、手稿、笔记、研究成果等。（5）法律允许公民所有的生产资料。一般指国家法律和政策允许从事工商经营的公民或农村集体组织成员拥有的汽车、拖拉机、船舶等各种运输工具以及各种机器等。它还包括华侨、港澳同胞、外国人在我国内地投资所拥有的各类生产资料。（6）公民的著作权、专利权中的财产权利。一般指公民基于著作权、专利权等所获得的财产权利，允许其合法继承人继承，并受到法律保护。（7）公民的其他合法财产。主要指国库券、债券、支票、股票等有价证券和债权等。继承的财产义务范围包括两个方面，一方面是被继承人依法应缴纳的税款；另一方面是被继承人遗留下的债务。继承人的财产义务，不一定要负全部偿还义务，只是在所继承的遗产价值，足够偿还被继承人遗留下的税款和债务时，继承人才承担全部清偿义务，如所继承的遗产价值不够偿还税款和债务时，继承人偿还义务只能以其继承遗产的实际价值为限。对于放弃继承遗产权利的，对被继承人遗留的税款和债务则无清偿义务。

下面的财产不属于遗产的范围：（1）家庭共有财产中其他家庭成员的财产；（2）生前赠与他人的财产；（3）只有使用权没有所有权的财产；（4）应归国家所有的文物，但国家所给予的报酬则列入遗产范围；（5）某些人身权利，比如生前所获得之抚恤金，著作权中署名权等不得作为遗产继承。此外，承包权本身也不属于遗产。承包权是指被继承人生前与集体组织等订立的承包合同，取得经营土地、山林等权利。这种权利基于承包合同而产生，是承包权问题，而不是继承权问题。继承人所能继承的是公民个人承包过程中所取得的收益，对于承包收益，在承包人死亡时，继承人可以继承。对于承包人死亡时尚未取得的合法承包收益，可将死者生前所投入的资金和所付出的劳动及其增值和孳息，由发包单位或者接续承包合同的人，合理折价、补偿，其价额作为遗产。

抚恤金、生活补助费是在死者死亡后，由国家发给死者亲属的费用。国家发放这种费用，是用以优抚救济死者家属，特别是用来优抚那些依靠死者生活的未成年人和丧失劳动能力的亲属。就其性质看，它不属于死者的遗产。它与遗产主要有三点不同：（1）抚恤金、补助费是国家发给死者亲属的费用，而遗产则是死者个人所有的于死亡后留下的财产。遗产可以是金钱，也可以是实物，而抚恤金、补助费只能是金钱。（2）发放抚恤金、补助费的目的，在于抚慰死者家属，而遗产继承，则是为了保护公民个人合法的财产权益，使死者生前的合法财产不至于因死亡而消灭。（3）享受抚恤金待遇，必须是死者的直系亲属，而可以得到遗产的人，则除了直系亲属外，还可以是其他人或者集体、国家。因此，一般而言，抚恤金、补助费是不能作为遗产继承的。但也有例外的情况，如果抚恤金、补助费是发给伤残者本人，则属于伤残者本人所有的财产；如伤残者因病死亡，则此项抚恤金、补助费的剩余部分，属于遗产范围。

死亡补助费、经济补偿费是补偿给后人且发生在死者死亡之后的财产，其财产所有权归后人所有，显然不能作为遗产处理。

人寿保险的保险标的是人的生命、健康等。投保人与保险公司订立保险合同，并按约定交纳保险费后，保险合同关系成立，保险人应在保险事故发生时，向受益人支付保险金。人寿保险合同中，受益人就是根据合同有权领取保险金的人，受益人由被保险人指定，可以是投保人，也可以是第三人。被保险人未指明受益人时，他的法定继承人应推定为受益人。被保险人死亡后，受益人应得的保险金不能列入遗产范围，不能作为遗产继承，也不能用来清偿死者生前所欠的税款和所负的债务。这是因为，在保险合同指明受益人时，保险金的所有权已经明确为受益人所有。被保险人如未指明受益人，法律推定其受益人为其法定继承人。在此情况下，保险金仍不属于遗产，而是被保险人的法定继承人的共有财产。法定继承人分配保险金，属于对共同财产的分割，而不是当遗产来继承。

综上所述，本案实际上并不是遗产继承纠纷，而是共同共有财产侵权纠纷。

【法条指引】

中华人民共和国民法典

第一千一百二十二条　遗产是自然人死亡时遗留的个人合法财产。

依照法律规定或者根据其性质不得继承的遗产，不得继承。

第一千一百五十三条　夫妻共同所有的财产，除有约定的外，遗产分割时，应当先将共同所有的财产的一半分出为配偶所有，其余的为被继承人的遗产。

遗产在家庭共有财产之中的，遗产分割时，应当先分出他人的财产。

第一千一百六十一条　继承人以所得遗产实际价值为限清偿被继承人依法应当缴纳的税款和债务。超过遗产实际价值部分，继承人自愿偿还的不在此限。

继承人放弃继承的，对被继承人依法应当缴纳的税款和债务可以不负清偿责任。

14. 遗嘱能否剥夺未成年人的继承权？

【维权要点】

我国遗产继承发生的根据有三种方式：法定继承、遗嘱继承和遗赠、遗赠扶养协议。继承开始后，遗赠扶养协议优先适用，之后是遗嘱继承，最后是法定继承。虽然遗嘱继承优先于法定继承适用，但公民立遗嘱时不能剥夺法定继承人中无独立生活能力的未成年人的继承权。

【典型案例】

陈某于2008年结婚。2009年，陈某的妻子因难产，生下儿子陈甲后死亡。陈某得子丧妻，因此把全部的希望都寄托在儿子的身上。由于过分溺爱，陈甲养成了许多恶习，经常在学校与同学打架，抽烟喝酒，并经常偷东西，陈某多次管教都没有效果。2021年，陈甲外出长达几个月没有音讯。在此期间，陈某因病去世，在其住院期间都是由其邻居王某照顾。陈某去世前，留下遗嘱：由于陈甲不务正业，且屡教不改，败坏陈家名声，因此不得继承陈某遗产；全部遗产由患病期间对其进行照料的王某继承。陈甲回家得知这一消息后，向人民法院提起诉讼，要求王某归还全部遗产。

【法官讲法】

民法典第1123条规定："继承开始后，按照法定继承办理；有遗嘱的，按照遗嘱继承或者遗赠办理；有遗赠扶养协议的，按照协议办理。"由此可见，我国遗产继承发生的根据有三种方式：法定继承、遗嘱继承和遗赠、遗赠扶养协议。本案涉及了第一种和第二种继承方式。所谓遗嘱，是指被继承人在生前按照法律规定的内容和方式对自己的财产预作处分，并在死亡时发生法律效力的法律行为。遗嘱有两种：一是遗嘱继承；二是遗嘱赠与。遗嘱继承是指在被继承人死后，按其生前所立的遗嘱内容，将其遗产转移给指定的法定继承人的一种继承方式。与法定继承相比，遗嘱继承虽也是一种继承方式，但其优先于法定继承，即被继承人生前如果立有合法有效的遗嘱，就应当首先按照遗嘱的规定进行遗嘱继承；在没有遗嘱或者有遗嘱但遗嘱被人民法院判决无效，以及有遗嘱但遗嘱仅处分了部分财产的情况下，才按法定继承方式进行。而遗赠是指公民以遗嘱方式将其遗产的一部分或全部赠给国家、集体组织、社会团体或者法定继承人以外的人。遗赠是遗嘱的特殊形式。它与遗嘱的区别在于：(1) 在遗赠中，获得财产的不是法定继承人，而是国家、集体组织、社会团体或者其他非法定继承人。而在遗嘱中获得财产的肯定是法定继承人中的一人或数人。(2) 遗赠是一种单方法律行为，只要将遗赠内容载入遗嘱，不需要遗赠受领人同意即为有效。(3) 遗赠受领人并不直接参与遗产的分配，而只是从继承人或其他遗嘱执行人那里取得遗赠财产。(4) 一般情况下，遗赠受领人在受领遗赠中，不负有义务。但如果在遗赠中写明受赠人接受遗赠要完成遗赠人指定的一定义务时，受赠人必须履行遗赠指定的义务后，才能受领遗赠。

综上，依据现行法律规定，公民不仅可以通过设定遗嘱的方式改变继承人的范围、顺序和继承份额，而且还可以取消法定继承人的继承权，把财产遗赠给法定继承人以外的人。但是，为了保护未成年人的利益，对于未成年的法定继承人，法律是禁止以遗嘱方式剥夺其继承权的。民法典规定遗嘱自由的同时，对遗嘱自由又作出了一些限制性的规定：(1) 立遗嘱人必须具有完全民事行为能力。立遗嘱是一种民事法律行为，立遗嘱人必须具有完全民事行为能力，即遗嘱能力。民法典第 1143 条第 1 款规定："无民事行为能力人或者限制民事行为能力人所立的遗嘱无效。"(2) 遗嘱必须是遗嘱人的真实意思表示。受胁迫、欺骗所立的遗嘱，因其不符合遗嘱人的真实意思而无效；伪造的遗嘱无效；遗嘱被篡改的，被篡改的内容无效。(3) 遗嘱内容不得违反法律，不得损害国家、集体的利益。遗嘱内容若违反上述规定，违反的部分一律无效。(4) 遗嘱应当为缺乏劳动能力又没有生活来源的继承人保留必要的遗产份额。由此可见，公民立遗嘱时不能剥夺法定继承人中无独立生活能力的未成年人的继承权。否则，该遗嘱无效。被遗嘱剥夺继承权的无独立生活能力和缺乏劳动能力的未成年法定继承人可依法律规定继承其应继承的份额。必要时，还可以适当多分一部分遗产。另外，民法典第 1125 条规定："继承人有下列行为之一的，丧失继承权：（一）故意杀害被继承人；（二）为争夺遗产而杀害其他继承人；（三）遗弃被继承人，或者虐待被继承人情节严重；（四）伪造、篡改、隐匿或者销毁遗嘱，情节严重；（五）以欺诈、胁迫手段迫使或者妨碍被继承人设立、变更或者撤回遗嘱，情节严重。继承人有前款第三项至第五项行为，确有悔改表现，被继承人表示宽恕或者事后在遗嘱中将其列为继承人的，该继承人不丧失继承权。受遗赠人有本条第一款规定行为的，丧失受遗赠权。”陈甲并没有以上所列的行为，因此他有权继承其父亲陈某的遗产。

本案中，陈某以儿子陈甲不务正业为由，剥夺其继承权是没有法律依据的。陈某的遗嘱没有给年仅 12 岁尚未成年的陈甲留下适当的遗产，以保证缺乏劳动能力又没有生活来源的儿子的正常生活，是违反法律规定的，因而其遗嘱部分无效。当然，陈某的遗嘱也不是全部无效，只要为陈甲保留必要的遗产份额，其他部分陈某仍可以自由处理。王某虽不是法定继承人，但作为受遗赠人，有权继承陈某的遗产。因此本案中，王某应将部分遗产交还给陈甲，至于具体的份额可由法院裁决。综上所述，被继承人立遗嘱时，不应当剥夺未成年人的合法继承权。这不仅是法律制度规定的，也是社会主义道德要求的，更是保护未成年人健康成长的需要。

【法条指引】

中华人民共和国民法典

第一千一百二十三条　继承开始后，按照法定继承办理；有遗嘱的，按照遗嘱继承或者遗赠办理；有遗赠扶养协议的，按照协议办理。

第一千一百四十一条　遗嘱应当为缺乏劳动能力又没有生活来源的继承人保留必要的遗产份额。

最高人民法院关于适用《中华人民共和国民法典》继承编的解释（一）

第二十五条　遗嘱人未保留缺乏劳动能力又没有生活来源的继承人的遗产份额，遗产处理时，应当为该继承人留下必要的遗产，所剩余的部分，才可参照遗嘱确定的分配原则处理。

继承人是否缺乏劳动能力又没有生活来源，应当按遗嘱生效时该继承人的具体情况确定。

15. 非为争夺遗产杀害其他继承人的，是否丧失继承权？

【维权要点】

我国民法典规定，故意杀害被继承人和为争夺遗产而杀害其他继承人两种行为导致继承权的绝对丧失。如果继承人有上述两种行为的，即使被继承人以遗嘱的形式将遗产指定由该继承人继承的，也可以请求法院确认遗嘱无效，并确认其丧失继承权。但是根据法律的规定，继承人因杀害其他继承人而丧失继承权的前提是，必须确认其主观上具有争夺遗产的动机，这就需要在案件发生后，其他的继承人主动配合司法机关，积极举证，证明其有争夺财产的动机。

【典型案例】

郝某妻子早亡，独自一人将两个儿子郝甲与郝乙抚养长大。2021 年，郝某病危，郝甲与郝乙因照顾郝某的问题发生争执。争执过程中，郝乙用砖头打中了郝甲的头部，导致郝甲重伤不治身亡。郝乙被公安机关依法逮捕并移交检察机关提起公诉。郝某因受到极大的刺激，当晚去世。在处理郝某遗产的过程中，郝甲的妻子主张，郝乙因故意杀害其他继承人，应丧失继承权。郝某的全部遗产应由郝甲的儿子全部代位继承。郝乙的妻子认为郝乙仍有继承权，遗产应当由郝乙和郝甲的儿子共同继承。双方经协商未果，郝甲之妻以郝甲的儿子法定代理人的身份向人民法院提起诉讼。

【法官讲法】

我国民法典第 1125 条第 1 款、第 2 款规定："继承人有下列行为之一的，丧失继承权：（一）故意杀害被继承人；（二）为争夺遗产而杀害其他继承人；（三）遗弃被继承人，或者虐待被继承人情节严重；（四）伪造、篡改、隐匿或者销毁遗嘱，情节严重；（五）以欺诈、胁迫手段迫使或者妨碍被继承人设立、变更或者撤回遗嘱，情节严重。继承人有前款第三项至第五项行为，确有悔改表现，被继承人表示宽恕或者事后在遗嘱中将其列为继承人的，该继承人不丧失继承权。"《最高人民法院关于适用〈中华人民共和国民法典〉继承编的解释（一）》第 5 条、第 6 条、第 7 条、第 8 条、第 9 条对继承权丧失制度作了进一步的规定：在遗产继承中，继承人之间因是否丧失继承权发生纠纷，向人民法院提起诉讼的，由人民法院依据民法典第 1125 条的规定，判决确认其是否丧失继承权。继承人是否符合民法典第 1125 条第 1 款第 3 项规定的“虐待被继承人情节严重”，可以从实施虐待行为的时间、手段、后果和社会影响等方面认定。虐待被继承人情节严重的，不论是否追究刑事责任，均可确认其丧失继承权。继承人故意杀害被继承人的，不论是既遂还是未遂，均应当确认其丧失继承权。继承人有民法典第 1125 条第 1 款第 1 项或者第 2 项所列之行为，而被继承人以遗嘱将遗产指定由该继承人继承的，可以确认遗嘱无效，并确认该继承人丧失继承权。继承人伪造、篡改、隐匿或者销毁遗嘱，侵害了缺乏劳动能力又无生活来源的继承人的利益，并造成其生活困难的，应当认定为民法典第 1125 条第 1 款第 4 项规定的“情节严重”。上述法律和司法解释的规定构成了我国继承权丧失制度。

根据民法典和《最高人民法院关于适用〈中华人民共和国民法典〉继承编的解释（一）》的规定，继承权的丧失是指“因继承人的某些行为导致其继承权被剥夺”的情况。继承权的丧失可以分为两种：（1）继承权的绝对丧失，即继承权因继承人的某种严重违法行为而永久地丧失，即使被继承人宽恕，也不能挽回；（2）继承权的相对丧失，即继承人因某种行为导致继承权丧失，但若被继承人表示宽恕，则其继承权可以恢复。[1] 按照民法典和《最高人民法院关于适用〈中华人民共和国民法典〉继承编的解释（一）》的规定，故意杀害被继承人和为争夺遗产而杀害其他继承人两种行为导致继承权的绝对丧失。因为这两种行为的社会危害性和人身危险性重大。为了维护社会秩序和公共利益以及公民的人身和财产安全，法律规定当事人的继承权不可逆转地永久丧失。即使是被继承人也不能以自己宽恕的意思表示，使这种破坏社会秩序和公共利益的行为免受惩罚。遗弃被继承人的，或者虐待被继承人情节严重的，以及伪造、篡改或者销毁遗嘱，情节严重的行为导致继承权的相对丧失。与前两种行为比较起来，这两种行为的社会危害性和人身危险性相对较小，所以法律规定这两种行为导致的继承权的丧失可以逆转。如果继承人确有悔改表现，被继承人又表

---

〔1〕 王利明主编：《中国民法案例与学理研究·侵权行为篇、亲属继承篇》，法律出版社 1998 年版，第 506—507 页、第 510 页。

示宽恕，可不确认其继承权丧失。

本案中，当事人争议的是因杀害其他继承人而导致继承权丧失的情况。在现实生活中，为争夺继承权而杀害其他继承人，包括以下几种情况：(1) 同一顺序的法定继承人中的一人或几人为争夺遗产而杀害其他法定继承人；(2) 第二顺序继承人中的一人或数人为争夺遗产而杀害第一顺序的继承人；(3) 法定继承人为争夺遗产而杀害遗嘱继承人；(4) 遗嘱继承人中的一人或几人为争夺遗产而杀害其他遗嘱继承人或其他法定继承人。认定这种情况下的继承权的丧失，应当注意把握以下几点：(1) 行为人必须有争夺遗产的动机。该动机为剥夺其继承权的必要条件。如果没有该动机，即使行为人的行为造成了其他继承人死亡和其继承权消灭的后果，得到了被害人应当继承的遗产也不能剥夺其继承权。因此，本案中，首先应当查明郝乙在实施杀害郝甲的行为时是否有争夺遗产的动机。(2) 实施了杀害其他继承人的犯罪行为。不论该犯罪行为是既遂还是未遂，都产生继承权丧失的后果。(3) 杀害对象是其他继承人。至于被害人是法定继承人还是遗嘱继承人，是与行为人同一顺序的继承人还是在继承顺序上先于或后于行为人的继承人，在所不问。如果行为人为争夺遗产，出于误解而杀害继承人以外的其他人，则不导致继承权丧失的法律后果。[1]

本案中，郝乙杀害的是与其同一顺序的继承人郝甲。如果经查明，郝乙有争夺遗产的动机，虽然其行为没有产生取得被害人应当继承的遗产的后果（郝甲还有晚辈直系血亲代位继承其应当继承的遗产份额），也将导致其继承权的绝对丧失。但从本案的事实看，二人是因为照顾郝某的问题发生矛盾，而不是为争夺遗产，因此，郝乙虽然将郝甲重伤致死，但并不因此而丧失继承权。

【法条指引】

中华人民共和国民法典

第一千一百二十五条 继承人有下列行为之一的，丧失继承权：

（一）故意杀害被继承人；

---

[1] 王利明主编：《中国民法案例与学理研究·侵权行为篇、亲属继承篇》，法律出版社 1998 年版，第 506—507 页、第 510 页。

（二）为争夺遗产而杀害其他继承人；

（三）遗弃被继承人，或者虐待被继承人情节严重；

（四）伪造、篡改、隐匿或者销毁遗嘱，情节严重；

（五）以欺诈、胁迫手段迫使或者妨碍被继承人设立、变更或者撤回遗嘱，情节严重。

继承人有前款第三项至第五项行为，确有悔改表现，被继承人表示宽恕或者事后在遗嘱中将其列为继承人的，该继承人不丧失继承权。

受遗赠人有本条第一款规定行为的，丧失受遗赠权。

最高人民法院关于适用《中华人民共和国民法典》继承编的解释（一）

第五条　在遗产继承中，继承人之间因是否丧失继承权发生纠纷，向人民法院提起诉讼的，由人民法院依据民法典第一千一百二十五条的规定，判决确认其是否丧失继承权。

第六条　继承人是否符合民法典第一千一百二十五条第一款第三项规定的“虐待被继承人情节严重”，可以从实施虐待行为的时间、手段、后果和社会影响等方面认定。

虐待被继承人情节严重的，不论是否追究刑事责任，均可确认其丧失继承权。

第七条　继承人故意杀害被继承人的，不论是既遂还是未遂，均应当确认其丧失继承权。

第八条　继承人有民法典第一千一百二十五条第一款第一项或者第二项所列之行为，而被继承人以遗嘱将遗产指定由该继承人继承的，可以确认遗嘱无效，并确认该继承人丧失继承权。

第九条　继承人伪造、篡改、隐匿或者销毁遗嘱，侵害了缺乏劳动能力又无生活来源的继承人的利益，并造成其生活困难的，应当认定为民法典第一千一百二十五条第一款第四项规定的“情节严重”。

16. 非婚生子女能否继承生父母的遗产？

【维权要点】

婚姻关系以外的两性行为是被社会所排斥和反对的，但非婚生子女本身是无辜的，不应受到社会的歧视。非婚生子女继承生父母遗产的权利与婚生子女的权利完全相同。

【典型案例】

乔某（男）与刘某（女）于 2005 年 4 月结婚，婚后生一子乔甲。随着乔某对平淡的婚姻生活产生厌倦，双方感情出现裂痕。2007 年 2 月，乔某结识了活泼漂亮的朱某，很快朱某成了乔某的地下情人。同年 10 月，朱某发现自己怀孕，当把这个消息告诉乔某时，乔某立即让朱某去堕胎。朱某非常失望，于是离开了乔某。但她不想堕胎，于是在老乡的帮助下，朱某将孩子生了下来，取名为乔乙，自己抚养。为了让乔某知道自己为其生有一个儿子，朱某曾经给乔某写过两封信，乔某也来看望过乔乙，并通过 DNA 检测证明乔乙确实是自己的亲生儿子。2021 年，乔某突发心肌梗死死亡。朱某闻讯，认为乔某的遗产中应当包含乔乙的一份遗产。但刘某认为，无法证明乔乙就是乔某的亲生儿子，就算是，乔乙也是非婚生子，无权继承乔某的遗产。朱某为了维护乔乙的正当权利，向人民法院提起诉讼。

【法官讲法】

非婚生子女是指没有合法婚姻关系的男女所生的子女。非婚生子女包括：未婚男女所生的子女；已有配偶者又与他人发生性行为所生的子女；无效婚姻、被撤销的婚姻当事人所生的子女等。从生育的自然属性上看，非婚生子女与婚生子女并无区别，但从生育的社会属性上看，却要求将两者加以区别。由于人类对婚姻关系以外的两性行为的排斥，非婚生子女历来受到社会的歧视。但是非婚生子女本身是无辜的，他们和婚生子女一样，也应该拥有接受生父母抚养照顾、教育的权利。因此，民法典第 1071 条规定："非婚生子女享有与婚生子女同等的权利，任何组织或者个人不得加以危害和歧视。不直接抚养非婚生子女的生父或者生母，应当负担未成年子女或者不能独立生活的成年子女的抚养费。"同时民法典第 1127 条规定了遗产继承的第一顺序是配偶、子女、父母。本法中所说的子女，包括婚生子女、非婚生子女。由此可见，非婚生子女与婚生子女的法律地位是完全相同的，法律有关父母子女间的权利和义务，同样适用于非婚生父母子女之间。非婚生子女的父母负有抚养教育非婚生子女的义务，对于不履行抚养义务的生父母，非婚生子女有权利要求其给付抚养费；此外，非婚生子女有继承生父母遗产的权利，非婚生子女继承生父母遗产的权利与婚生子女的权利完全相同。我国法律虽然明确规定了非婚生子女的生父母对非婚生子女的抚养教育义务，但对如何确认非婚生子女的生父却没有明确规定。因为非婚生子女一般都是随母亲生活，其生父大多不为人所知，而要使生父对非婚生子女尽到抚养教育义务，必须首先确认生父身份。

正是因为如此，本案中刘某才会提出无法证明乔乙是乔某的亲生儿子这一问题。通常，非婚生子女与其母亲的关系是无须加以特别证明的，基于生母分娩事实即可确定。而对于如何确认生父身份，在司法实践中，主要有以下几种情况：首先是非婚生子女的生父生母结婚，非婚生子女就取得婚生子女的资格；其次是生父对婚生子女的自愿认领；最后是委托专门的鉴定部门进行亲子鉴定。

本案中，由于乔某与乔乙曾经做过亲子鉴定，结果表明乔乙确实是乔某的亲生儿子，所以对于两人的父子关系应当予以承认。虽然乔某和朱某婚外生子的行为是与社会道德相违背的，但他们所生的非婚生子女乔乙是无辜的，不应受到任何不平等的对待和歧视。根据民法典第 1127 条的规定，乔乙应当拥有与乔甲同等的继承权，与乔甲同属于第一顺序的法定继承人，同时具有均等的继承份额。

【法条指引】

中华人民共和国民法典

第一千零七十一条 非婚生子女享有与婚生子女同等的权利，任何组织或者个人不得加以危害和歧视。

不直接抚养非婚生子女的生父或者生母，应当负担未成年子女或者不能独立生活的成年子女的抚养费。

第一千一百二十七条 遗产按照下列顺序继承：

（一）第一顺序：配偶、子女、父母；

（二）第二顺序：兄弟姐妹、祖父母、外祖父母。

继承开始后，由第一顺序继承人继承，第二顺序继承人不继承；没有第一顺序继承人继承的，由第二顺序继承人继承。

本编所称子女，包括婚生子女、非婚生子女、养子女和有扶养关系的继子女。

本编所称父母，包括生父母、养父母和有扶养关系的继父母。

本编所称兄弟姐妹，包括同父母的兄弟姐妹、同父异母或者同母异父的兄弟姐妹、养兄弟姐妹、有扶养关系的继兄弟姐妹。

17. 养子女能同时继承养父母和生父母的遗产吗？

【维权要点】

收养关系确立后，养父母与养子女之间的权利义务关系，适用法律关于父母子女关系的规定，可以相互继承遗产，他们互为第一顺序法定继承人。同时，养子女与生父母的权利义务关系因收养关系的成立而消除，双方不再有相互继承遗产的权利。但如果养子女对生父母在生活上给予了较多帮助和赡养，尽管养子女已不再是自己生父母的法定继承人，也可以继承生父母的遗产。

【典型案例】

袁某（男）与宋某（女）婚后多年一直无子女，而袁某的堂哥有两个孩子。由于袁某堂哥夫妇两人身体都不好，无法同时照顾好两个孩子。2015 年 10 月，袁某提出将堂哥的小儿子袁甲（7 岁）收为养子，后办理了合法的收养手续。2020 年 8 月，袁某夫妇因感情破裂离婚，袁甲随养母宋某生活，袁某每月给付抚养费 400 元。双方离婚后，宋某未经袁某同意，将养子袁甲改名为宋甲。2021 年 9 月，袁某遇车祸身亡，留有 5 万元遗产，宋某认为应由宋甲来继承，而袁某的母亲表示反对。其理由是：首先，袁某与宋某已经离婚，且养子跟随宋某生活，所以养父子关系已经解除；其次，宋某未经袁某同意就将养子的姓名变更。因此，袁甲无权继承袁某的遗产。同年 12 月，袁某的堂哥夫妇也因重病相继去世，留有 8 万元遗产。袁甲的哥哥袁乙（已成年）认为这笔遗产应由自己全部继承。理由是：袁甲已经送给袁某收养，已不属于家里人，因此无权继承生父母的遗产。而袁甲认为，自己既是袁某的养子，又是袁某堂哥的亲生儿子，因此，袁某与袁某堂哥夫妇所留遗产自己都具有继承权。为了维护自己的合法权益，袁甲向人民法院提起诉讼。

【法官讲法】

本案涉及收养关系、父母子女关系以及继承关系等多重家庭法律问题。在家庭关系中，父母子女关系是最重要的关系之一。从法律角度看，这里的父母子女既包括有血缘关系的亲生父母子女，又包括没有血缘关系的法律拟制的父母子女。养父母子女关系是法律拟制父母子女关系，其成立以合法有效的收养关系的存在为前提。在收养关系成立后，就会因身份的转移和变更产生一系列的法律后果，包括人身关系和财产关系的变化，以及由此引起的多种权利、义务的变更。其法律效力主要体现在以下几个方面：（1）根据民法典第 1111 条的规定，自收养关系成立之日起，养父母与养子女之间的权利义务关系，适用民法典关于父母子女关系的规定；养子女与养父母的近亲属间的权利义务关系，适用民法典关于子女与父母的近亲属关系的规定。（2）收养关系确立后，养父母对养子女有抚养、教育义务，养子女对养父母有赡养、扶助的义务。双方都不得遗弃和虐待。养父母对养子女的抚养、教育义务，不因养父母离婚而解除。不论养子女随哪一方生活，对方都不得借口不是亲生子女而拒付抚养费。否则，未成年或不能独立生活的养子女有权通过法院要求养父母给付抚养费。相应地，养子女成年后有赡养养父母的义务，并且此义务不因养父母离婚而解除。同时，养父母有管教和保护未成年养子女的权利和义务。未成年的养子女对国家、集体和他人造成损害时，养父母有赔偿经济损失的义务。（3）根据民法典第 1127 条的规定，养父母和养子女有相互继承遗产的权利，他们互为第一顺序法定继承人。任何人不得以任何借口剥夺养子女的遗产继承权和继承的份额，如果养父母有亲生子女，则养子女与其亲生子女享有相同的继承权。养子女可以随养父或养母的姓，经当事人协商一致，也可以保留原姓，生父母不得阻挠和干涉养子女姓氏的改变。（4）养子女与生父母及其他近亲属间的权利义务关系，因收养关系的成立而消除。双方不再有抚养、赡养的义务和相互继承遗产的权利。在现实生活中，有的养子女不仅对养父母尽了赡养义务，同时，对生父母在生活上也给予了帮助。根据民法典第 1131 条的规定，继承人以外的对被继承人扶养较多的人，可以分配给他们适当的遗产。在这种情况下，尽管养子女已不再是自己生父母的法定继承人，仍然可以继承生父母的遗产。

依据以上法律规定，本案中袁某与袁甲的养父子关系是合法有效的。认为袁某与袁甲的养父子关系因袁某夫妇婚姻关系的解除而终止的主张是毫无法律依据的。根据民法典的有关规定，养父母对养子女的抚养教育义务不能因养父母离婚而解除。如果养父母要解除对养子女的收养关系，必须达成书面协议或是到民政部门办理解除收养关系的公证证明。由于本案中，袁某没有办理任何要对袁甲解除收养关系的协议或证明，因此，虽然袁某夫妇离婚，且后来袁某在车祸中身亡，但袁某对袁甲的收养关系依然存续，袁某的母亲无权剥夺袁甲对袁某的遗产继承权。根据民法典第1112条的规定，养子女可以随养父或者养母的姓，也可以保留原姓。因此，袁某的母亲以此剥夺袁甲对袁某遗产的继承权是没有法律依据的。但对于宋某擅自更改袁甲姓名的行为也应当予以批评，因为袁甲的姓名是在袁某与宋某婚姻关系存续期间共同起的，在双方离婚后，虽然袁甲随宋某生活，但袁甲还是双方共同的子女，在袁甲成年前，如果不是袁甲主动提出更换姓名，任何一方提出要求更换袁甲姓名的，都应与对方进行必要的协商，以尊重对方对孩子的感情。综上，袁甲对袁某的遗产拥有继承权。但是，袁甲的亲生父母去世后，袁甲无权继承他们的遗产。因为，袁某对袁甲的收养已经办理了合法的收养手续，所以依照法律规定，收养关系一经确立，袁甲与生父母的权利义务关系就已解除。同时，在袁甲的生父母去世时，袁甲尚未成年，不可能在生父母生前给予他们较多的帮助和赡养，不符合民法典第1131条的规定。因此，袁甲没有权利继承生父母留下的遗产，而袁甲的哥哥袁乙属于第一顺序继承人，在没有其他第一顺序继承人的情况下，继承其生父母的全部财产是无可争议的。

【法条指引】

中华人民共和国民法典

第一千一百一十一条　自收养关系成立之日起，养父母与养子女间的权利义务关系，适用本法关于父母子女关系的规定；养子女与养父母的近亲属间的权利义务关系，适用本法关于子女与父母的近亲属关系的规定。

养子女与生父母以及其他近亲属间的权利义务关系，因收养关系的成立而消除。

第一千一百一十二条 养子女可以随养父或者养母的姓氏，经当事人协商一致，也可以保留原姓氏。

最高人民法院关于适用《中华人民共和国民法典》继承编的解释（一）

第十条 被收养人对养父母尽了赡养义务，同时又对生父母扶养较多的，除可以依照民法典第一千一百二十七条的规定继承养父母的遗产外，还可以依照民法典第一千一百三十一条的规定分得生父母适当的遗产。

18. 未经配偶同意收养的子女能否继承配偶的遗产？

【维权要点】

收养要履行法定的收养手续、有配偶者未经配偶同意而单方面收养子女是无效的。即便是事实收养关系，也需要收养人有收养他人子女为自己子女的意思表示。如果配偶一方不同意收养，就不能认定其与另一方单独收养的子女之间存在事实上的收养关系。该养子女也不能作为第一顺序继承人继承其遗产。

【典型案例】

1980 年，白某（男）与郑某（女）结婚。婚后，两人一直无子女。白某求子心切，向郑某提出收养一名男孩。郑某表示坚决不同意，双方因此事多次发生争吵。1990 年 12 月，白某将 1 岁的男孩（白某某）带回家中收养。郑某起初表示反对，后来见白某态度坚决，便置之不理，未明确表示同意，也未继续坚持其原来的反对态度。在日常生活当中，郑某也从生活上照顾白某某。在为白某某申报户口时，白某与白某某的关系填为父子、郑某与白某某的关系未注明。生活中，白某某对郑某以阿姨相称。2021 年，白某与郑某先后病逝，双方均未立遗嘱。郑某的母亲在世。在分割遗产时，白某某主张自己应当作为第一顺序继承人继承白某与郑某的房屋、存款和其他财产。郑某的母亲则认为，白某某仅是白某单方收养的子女，与郑某不存在母子关系，不能作为第一顺序继承人继承郑某的遗产。双方因此发生争议，诉至人民法院。

【法官讲法】

本案发生在收养法[1]颁布以前，当时我国的收养法律制度尚不健全，没有要求当事人在建立收养关系时，履行相应的法律手续。因此，在本案中要着重考察当事人之间是否存在事实上的收养关系。成立事实上的收养关系，除了收养时间必须是在1992年4月1日收养法生效之前以外，还应当具备以下几个条件：(1) 收养人与送养人之间在平等自愿的基础上形成收养的合意。收养人有收养他人子女为自己子女的意思表示，送养人有送养自己子女为他人子女的意思表示，双方达成收养的合意，被收养人有识别能力的，还应征得其同意；没有送养人的收养，收养人应当有明显的领养他人子女为自己子女的目的。(2) 有抚养事实。收养人与被收养人之间有长期共同生活的经历，并履行了父母子女之间的权利义务。(3) 双方均以父母子女身份相称，有关组织和群众都知道。(4) 养子女与生父母事实上已终止了权利义务关系。[2]

本案中，白某收养了白某某并与其长期共同生活，对其履行了抚养义务，在为白某某申报户口时，白某与白某某的关系为父子关系。从以上事实可见，白某与白某某形成了事实上的收养关系。郑某虽然也与白某某长期共同生活，并在生活中照顾白某某，但郑某一开始对白某收养子女就明确表示反对，在白某收养白某某后，郑某先是表示反对，后来由于白某态度坚决，郑某虽未坚持其反对意见，但也没有明确表示同意，也始终未以母子相称。鉴于事实收养关系的成立，需要收养人有收养他人子女为自己子女的意思表示，所以不能认定白某某与郑某之间存在事实上的收养关系。因此，白某某不能作为第一顺序继承人继承郑某的遗产。按照民法典的规定，对于白某与郑某的遗产中的夫妻共同财产先加以分割。郑某的遗产由郑某的母亲继承；白某先于郑某去世，所以白某的遗产应当在白某某与郑某之间等额分割，郑某应当继承的部分由其母继承。

---

〔1〕《中华人民共和国收养法》现已失效。

〔2〕王利明主编：《中国民法案例与学理研究·侵权行为篇、亲属继承篇》，法律出版社1998年版，第430—431页。

【法条指引】

中华人民共和国民法典

第一千一百零四条　收养人收养与送养人送养，应当双方自愿。收养八周岁以上未成年人的，应当征得被收养人的同意。

第一千一百零五条　收养应当向县级以上人民政府民政部门登记。收养关系自登记之日起成立。

收养查找不到生父母的未成年人的，办理登记的民政部门应当在登记前予以公告。

收养关系当事人愿意签订收养协议的，可以签订收养协议。

收养关系当事人各方或者一方要求办理收养公证的，应当办理收养公证。

县级以上人民政府民政部门应当依法进行收养评估。

中国公民收养子女登记办法

第四条　收养关系当事人应当亲自到收养登记机关办理成立收养关系的登记手续。

夫妻共同收养子女的，应当共同到收养登记机关办理登记手续；一方因故不能亲自前往的，应当书面委托另一方办理登记手续，委托书应当经过村民委员会或者居民委员会证明或者经过公证。

19. 继子女能否同时继承继父母和生父母的遗产？

【维权要点】

继父母与继子女关系有两种：一种是没有形成抚养关系的继父母子女关系，他们之间没有法定的权利义务关系；另一种则是形成抚养关系的继父母与继子女关系，他们之间产生如同生父母子女之间一样的权利和义务关系。在后一种情形下，当继父母死亡留有遗产时，没有丧失继承权的继子女，享有与婚生子女同等的继承权，而且继子女与生父母之间的权利义务关系也并不因此而消除。因此，继子女既有权继承继父母的遗产，又有权继承生父母的遗产，这一点与养父母子女关系明显不同。

【典型案例】

2013年，汪某（男）与刘某（女）经人介绍结婚，其中汪某为再婚。婚后，双方共同抚养汪某与前妻所生男孩汪甲（当时8岁），2016年双方又生一男孩汪乙。2019年3月，两人因感情破裂经法院判决离婚，双方所生男孩汪乙由刘某抚养，汪某每月给付汪乙抚养费400元，汪甲则由生父汪某抚养。汪某认为，刘某与汪甲已经形成有抚养关系的继母子关系，刘某也应当继续负担汪甲的抚养费用，因此主张双方互不支付孩子抚养费。其后汪某一直没有给付汪乙抚养费。2020年4月，刘某与赵某相识，赵某与前妻生有一女赵甲（当时14岁），同年刘某与赵某结婚，汪乙与赵甲和他们共同生活。2021年12月，赵某由于在工作中中毒而身亡，留有10万元遗产，赵甲认为刘某是父亲赵某的妻子，因此可以分得一份遗产，但汪乙不是赵某的亲生儿子，因此无权继承，剩余部分应全部归自己所有。2022年1月，汪某突发脑出血去世，留有遗产7万元。刘某认为，汪乙也是汪某的亲生儿子，因此也应当有继承权。但汪甲认为刘某已经带着汪乙改嫁，因此两人都无权继承汪某的财产。于是，刘某向人民法院提起诉讼，要求维护汪乙对继父赵某与生父汪某所留遗产的继承权。

【法官讲法】

继父母与继子女关系，是因父母一方死亡，他方带子女再行结婚；或因父母离婚，抚养子女的一方再行结婚，在继父母与继子女间形成的亲属关系。继父母与继子女关系有两种：一种是没有形成抚养关系的继父母子女关系，他们之间没有法定的权利义务关系，他们之间只是姻亲关系；另一种则是形成抚养关系的继父母与继子女关系，他们之间产生如同生父母子女之间一样的权利和义务关系。在形成抚养关系的继父母子女关系中，继子女享有一定权利，同时也应当履行一定的义务。继子女在未成年时有受继父母抚养教育的权利，双方共同生活期间，继子女的生父或生母死亡，与继子女共同生活的继父或继母仍应继续抚养继子女，继子女的生父母一方要求将继子女领回抚养的除外。当继父母死亡留有遗产时，没有丧失继承权的继子女，享有与婚生子女同等的继承权。继父母因对继子女的实际抚养而形成拟制的血亲关系，从而具有了法律上的父母子女之间的权利义务关系，包括对父母遗产所具有的继承权。民法典第 1072 条规定："继父母与继子女间，不得虐待或者歧视。继父或者继母和受其抚养教育的继子女间的权利义务关系，适用本法关于父母子女关系的规定。"由此可见，有无实际的抚养关系是继子女与继父母之间有无继承关系的前提。本案中，汪乙随母亲刘某改嫁，与继父赵某共同生活并受其抚养教育，汪乙与继父赵某之间形成了实际的抚养关系，因此汪乙有权作为第一顺序继承人继承与其有抚养关系的继父赵某的财产。而赵甲作为赵某的亲生女儿，刘某作为赵某的配偶，也是第一顺序继承人，因此赵某的遗产应当分为三份，刘某、汪乙、赵甲各一份。

继子女与继父母之间因形成事实上的抚养关系而产生法律上的父母子女关系，那么此时的继子女与生父母之间的权利义务关系是否解除呢？在收养关系中，一旦养父母与养子女之间的收养关系合法成立，则他们之间就产生法律上的权利义务关系，相应地，养子女与亲生父母之间的权利义务关系随之消灭。继父母子女关系与养父母子女关系不同，继父母子女关系不适用这一规则。即使继父母与继子女之间产生事实上的抚养关系，形成了拟制的血亲关系，继子女与生父母之间的权利义务关系也并不因此而消除。因为父母与亲生子女之间的关系是一种天然的血缘关系，父母子女关系并不会因父母的离婚而解除，也不会因父母离婚后一方的再婚而消除。不仅血缘关系不能够消灭，父母与子女之间的权利义务关系也不能够消灭。除了在收养关系中形成的养父母子女关系之外，其他任何关系都不能解除父母子女之间的权利义务关系。

本案中，汪乙与生父汪某之间的父子关系不因他与继父赵某之间形成事实上的抚养关系而消灭。因此，他既有权继承继父的遗产，又有权继承生父的遗产。《最高人民法院关于适用〈中华人民共和国民法典〉继承编的解释（一）》第 11 条第 1 款明确规定："继子女继承了继父母遗产的，不影响其继承生父母的遗产。"可见，本案中，汪乙完全具有与汪甲同等的对生父遗产的继承权。另外，刘某与汪某结婚后，汪某与前妻所生的孩子汪甲也随他们共同生活，因此刘某与汪甲的继母子关系成立。但是当刘某与汪某的婚姻关系解除后，因刘某不再抚养汪甲，因此，刘某与汪甲之间的继母子关系解除。这同养父母子女关系是不同的，当养父母离婚后，他们的权利义务关系并未全部解除，养父母仍应当承担对未成年养子女的抚养义务。而继父母离婚后，如果继父或继母不愿意再抚养继子女的，那么继父母子女之间的权利义务关系即自然解除。本案中，刘某与汪某离婚后，汪甲由其生父汪某抚养，刘某不再抚养汪甲，则刘某与汪甲的继母子关系即自然解除。汪某要求刘某继续承担汪甲的抚养费用，不符合法律规定，但汪某应承担亲生子汪乙的抚养费用。综上所述，继子女可以同时继承继父母与生父母的遗产。

【法条指引】

最高人民法院关于适用《中华人民共和国民法典》继承编的解释（一）

第十一条 继子女继承了继父母遗产的，不影响其继承生父母的遗产。

继父母继承了继子女遗产的，不影响其继承生子女的遗产。

20. 夫妻同时遇难但死亡时间有先后的，遗产如何继承？

【维权要点】

夫妻同时遇难但死亡时间有先后顺序的，遗产的继承顺序为：首先，先死亡一方的遗产按照法定继承的顺序继承，即由其配偶（后死亡一方）、子女、父母继承。其次，后死亡一方的遗产，由其继承人按照法定顺序继承。

【典型案例】

张某（男）与孙某（女）于 1993 年开始以夫妻名义同居生活。同居时，张某 30 岁，孙某 23 岁。双方均无配偶，也没有直系血亲关系和其他法律禁止结婚的情况，但双方未办理结婚登记。婚后未生育子女。2021 年 10 月，张某和孙某在家中被入室抢劫的犯罪分子杀害。经公安机关调查和法医鉴定：案发时，孙某在浴室洗澡，张某在客厅看报纸。犯罪分子从窗户潜入房间，从背后用利器将张某杀害。由于孙某正在洗澡，未听到客厅的响动。其洗完澡走出浴室时，也被潜伏在门外的犯罪分子杀害。张某与孙某的死亡时间相距 40 分钟左右。孙某与张某死后留有以下遗产：现金 4000 元，银行储蓄 2 万—3 万元，私有住房一套，电器、衣物、家具等生活用品若干。张某的哥哥与孙某的父母因继承遗产问题发生争议，诉至人民法院。张某的哥哥称，孙某与张某系非法同居关系，争议的财产属于张某的个人财产，由于张某父母双亡，仅有他一个哥哥，遗产应由其继承；孙某的父母称，孙某与张某是事实婚姻关系，两人在婚姻关系存续期间取得的财产应当作为夫妻共同财产先加以分割，属于孙某的部分应当由其继承。

【法官讲法】

《最高人民法院关于适用〈中华人民共和国民法典〉婚姻家庭编的解释（一）》第7条规定："未依据民法典第一千零四十九条规定办理结婚登记而以夫妻名义共同生活的男女，提起诉讼要求离婚的，应当区别对待：（一）1994年2月1日民政部《婚姻登记管理条例》公布实施以前，男女双方已经符合结婚实质要件的，按事实婚姻处理。（二）1994年2月1日民政部《婚姻登记管理条例》公布实施以后，男女双方符合结婚实质要件的，人民法院应当告知其补办结婚登记。未补办结婚登记的，依据本解释第三条规定处理。"第3条规定："当事人提起诉讼仅请求解除同居关系的，人民法院不予受理；已经受理的，裁定驳回起诉。当事人因同居期间财产分割或者子女抚养纠纷提起诉讼的，人民法院应当受理。"张某与孙某于1993年开始以夫妻名义同居生活。同居时，张某30岁，孙某23岁。双方均无配偶，也没有直系血亲关系和其他法律禁止结婚的情况，但双方未办理结婚登记。按照最高人民法院的司法解释，应当按事实婚姻处理。事实婚姻的双方当事人之间具有夫妻间的权利义务，婚姻关系存续期间所得的财产为夫妻共同财产，夫妻之间有相互继承遗产的权利。

本案中，经法医鉴定，张某先于孙某死亡。根据民法典的有关规定，张某的遗产应当由孙某继承；孙某死亡后，其遗产应当由孙某的父母继承。张某的哥哥作为张某的第二顺序继承人，无权继承张某的遗产。根据民法典第1121条第2款的规定："相互有继承关系的数人在同一事件中死亡，难以确定死亡时间的，推定没有其他继承人的人先死亡。都有其他继承人，辈份不同的，推定长辈先死亡；辈份相同的，推定同时死亡，相互不发生继承。"张某哥哥的意见忽略了张某先于孙某死亡的事实，认为在处理遗产继承问题时，应按照两人同时死亡对待，相互不发生继承关系，遗产由各自的继承人继承，显然是错误的。同时，其对夫妻共同财产的分割也不符合民法典的规定。本案应当按照孙某父母的意见处理。

【法条指引】

中华人民共和国民法典

第一千一百二十七条 遗产按照下列顺序继承：

（一）第一顺序：配偶、子女、父母；

（二）第二顺序：兄弟姐妹、祖父母、外祖父母。

继承开始后，由第一顺序继承人继承，第二顺序继承人不继承；没有第一顺序继承人继承的，由第二顺序继承人继承。

本编所称子女，包括婚生子女、非婚生子女、养子女和有扶养关系的继子女。

本编所称父母，包括生父母、养父母和有扶养关系的继父母。

本编所称兄弟姐妹，包括同父母的兄弟姐妹、同父异母或者同母异父的兄弟姐妹、养兄弟姐妹、有扶养关系的继兄弟姐妹。

21. 母亲先于外祖父母去世，外孙子女能否代位继承外祖父母的遗产？

【维权要点】

处理好遗产继承关系，要区别好几个概念，确定好继承人的地位。法定继承是相对于遗嘱继承而言的，是指在被继承人没有对其遗产的处理立有遗嘱的情况下，由法律直接规定继承人的范围、继承顺序和遗产分配的原则的一种继承形式。代位继承又称间接继承，是法定继承中的一种特殊情况，是指当被继承人的子女先于被继承人死亡的，由被继承人子女的晚辈直系血亲代替先死亡的长辈直系血亲继承被继承人遗产的一种继承形式。转继承又称二次继承，是指继承人在继承开始后遗产分割之前死亡，死亡继承人应继承的遗产转由其合法继承人承受的一种继承法律制度。代位继承只发生在法定继承之中，而转继承既可以发生在法定继承中也可以发生在遗嘱继承中。在以上概念中，取得继承权的人分别称为（普通）法定继承人、代位继承人、转继承人。

当未成年人的父亲或母亲先于其祖父母、外祖父母去世时，未成年人可以代替已去世的父亲、母亲继承祖父母、外祖父母的遗产，亦即代位继承。

【典型案例】

杨某夫妇生有两个孩子，儿子杨甲和女儿杨乙。女儿杨乙早已出嫁，生有一子，在外地工作；儿子杨甲在本地工作，也生有一子。2018 年 5 月，杨乙在出差途中遇车祸死亡。杨某得知这一消息后忧郁成疾，于 2019 年 3 月离世。杨某夫妇共有财产 36 万元。对夫妻共同财产进行分割后，杨某留下 18 万元遗产。在分割遗产时，杨甲提出父亲的这笔财产应由他和母亲平分。而杨乙的丈夫认为尽管杨乙已不在人世，但杨乙在世时父亲特别喜欢杨乙，按父亲的意愿他一定愿意将遗产中的一部分分给女儿，所以认为他们的儿子有权代替他的母亲继承外祖父的遗产。因出现分歧，于是暂时未对杨某的遗产进行继承。2020 年 7 月，杨甲在实验室工作中意外身亡。此时关于杨某遗产继承的问题又提了出来，双方由此诉讼至人民法院。

【法官讲法】

我国民法典第 1128 条规定："被继承人的子女先于被继承人死亡的，由被继承人的子女的直系晚辈血亲代位继承。被继承人的兄弟姐妹先于被继承人死亡的，由被继承人的兄弟姐妹的子女代位继承。代位继承人一般只能继承被代位继承人有权继承的遗产份额。"依此规定，当未成年人的父亲或母亲先于其祖父母、外祖父母死亡时，未成年人可以代替已死亡的父亲、母亲继承祖父母、外祖父母的遗产，这就是代位继承制度。代位继承只有在一定条件下才能发生：（1）被继承人的子女先于被继承人死亡，这是代位继承发生的法定原因。被继承人的其他继承人先于被继承人死亡的，不发生代位继承。这里的死亡，既包括自然死亡，也包括宣告死亡。这里所指的被继承人的子女，包括被继承人的婚生子女、非婚生子女、养子女、有抚养关系的继子女。（2）代位继承必须是被代位继承人的晚辈直系血亲。这里所说的晚辈直系血亲不受辈数限制，但如果不同辈数的晚辈直系血亲同时存在的，则应按照"亲等近者排斥亲等远者"的原则决定代位继承。另外，《最高人民法院关于适用〈中华人民共和国民法典〉继承编的解释（一）》第 14 条、第 15 条规定，被继承人的孙子女、外孙子女、曾孙子女、外曾孙子女都可以代位继承，代位继承人不受辈数的限制。被继承人的养子女、已形成扶养关系的继子女的生子女可以代位继承；被继承人亲生子女的养子女可以代位继承；被继承人养子女的养子女可以代位继承；与被继承人已形成扶养关系的继子女的养子女也可以代位继承。(3) 代位继承人一般只能继承其死亡的长辈直系血亲应得的遗产份额。无论代位继承人的人数多少，只能继承其父母应得的遗产份额，无权与被继承人的其他法定继承人平分遗产。当然如果代位继承人缺乏劳动能力又没有生活来源，或者对被继承人尽过主要赡养义务的，分配遗产时，也可以考虑多分；如果被代位继承人丧失继承权的，其晚辈直系血亲不得代位继承。因为代位继承人之所以能够继承被继承人的遗产，不是在于他本人对被继承人有继承权，而是在于其是代替被代位继承人继承应得份额，如果被代位继承人丧失继承权，则代位继承就失去了前提和依据。(4) 代位继承只适用于法定继承，而不适用于遗嘱继承。代位继承是法定继承的补充，从代位继承人的范围到代位继承人的遗产分配原则，无一不是法律具体规定的，由此决定了代位继承只能发生在法定继承方式中。而在遗嘱继承中，由于遗嘱只有在立遗嘱人死亡后才发生法律效力，遗嘱中指定的遗嘱继承人实际享有继承权。如果遗嘱继承人先于遗嘱人死亡，此时尚未取得继承权，自然不发生代位继承问题。因此，遗嘱继承方式中不发生代位继承。但先于被继承人死亡的遗嘱继承人的子女可以依法定继承的顺序代位继承。[1]

具体到本案，应当明确以下几点：第一，确定法定继承人的范围。本案中，杨某死后，本应由其第一顺序的法定继承人继承，包括杨某的配偶、儿子杨甲、女儿杨乙，以及杨某的父母。杨某的父母早已死亡，自然不再对杨某的遗产享有继承权；而子女中，女儿先于杨某死亡，根据代位继承的规定，女儿杨乙的儿子享有代位继承权。而杨某的儿子杨甲后于杨某死亡，所以他是当然的法定继承人。因此，本案有权继承杨某 18 万元财产的人是：杨某的妻子、杨甲和杨乙的儿子。第二，应确定各继承人的继承份额。根据民法典第 1128 条第 3 款“代位继承人一般只能继承被代位继承人有权继承的遗产份额”，以及第 1130 条第 1 款“同一顺序继承人继承遗产的份额，一般应当均等”的规定，杨某的配偶、儿子杨甲以及外孙都没有特殊情况，所以他们应各继承杨某财产的三分之一，即每人 6 万元。第三，应明确杨某的儿子杨甲对其应继承的 6 万元在杨某死亡时就已经转

---

〔1〕 魏振瀛主编：《民法》，北京大学出版社 2000 年版，第 603—604 页。

归他所有了。因为在我国，“继承从被继承人死亡时开始”。而且，根据民法典第1124条第1款的规定：“继承开始后，继承人放弃继承的，应当在遗产处理前，以书面形式作出放弃继承的表示；没有表示的，视为接受继承。”也就是说，我国法律采取的是直接继承，继承人若要放弃继承，必须有明确的意思表示，否则继承开始后被继承人原有的权利义务即归由继承人，两者之间没有间隔。所以，本案中，杨某死后，尽管遗产没有分割，但杨某的配偶、儿子杨甲、外孙均未表示放弃继承，杨某的18万元财产已经当然直接转归他们三人共有，其他人对此没有继承权。第四，正因为杨甲在父亲杨某死亡时就已取得了6万元财产，根据民法典第1062条的规定：“夫妻在婚姻关系存续期间所得的下列财产，为夫妻的共同财产，归夫妻共同所有：（一）工资、奖金、劳务报酬；（二）生产、经营、投资的收益；（三）知识产权的收益；（四）继承或者受赠的财产，但是本法第一千零六十三条第三项规定的除外；（五）其他应当归共同所有的财产。夫妻对共同财产，有平等的处理权。”第1063条规定，“下列财产为夫妻一方的个人财产：（一）一方的婚前财产；（二）一方因受到人身损害获得的赔偿或者补偿；（三）遗嘱或者赠与合同中确定只归一方的财产；（四）一方专用的生活用品；（五）其他应当归一方的财产。”本案中，杨甲所继承的6万元财产应是夫妻共有财产。第五，杨甲死后，在他和他的法定继承人之间又发生一次继承程序，即出现转继承问题。杨甲继承的6万元财产中有3万元是其配偶的个人财产，另3万元才是杨甲的遗产，由他的法定继承人即其妻子、儿子和母亲共同继承。

综上所述，本案应分两步走：第一步，杨某的遗产18万元由其配偶、儿子杨甲、外孙各继承三分之一；第二步，杨甲继承的财产归夫妻共有，分出一半归妻子，剩下的一半由法定继承人妻子、儿子和母亲转继承。

【法条指引】

中华人民共和国民法典

第一千一百二十八条　被继承人的子女先于被继承人死亡的，由被继承人的子女的直系晚辈血亲代位继承。

被继承人的兄弟姐妹先于被继承人死亡的，由被继承人的兄弟姐妹的子女代位继承。

代位继承人一般只能继承被代位继承人有权继承的遗产份额。

最高人民法院关于适用《中华人民共和国民法典》继承编的解释（一）

第十四条 被继承人的孙子女、外孙子女、曾孙子女、外曾孙子女都可以代位继承，代位继承人不受辈数的限制。

第十五条 被继承人的养子女、已形成扶养关系的继子女的生子女可以代位继承；被继承人亲生子女的养子女可以代位继承；被继承人养子女的养子女可以代位继承；与被继承人已形成扶养关系的继子女的养子女也可以代位继承。

22. 继承人在继承开始后遗产分割前死亡，应当适用代位继承还是转继承？

【维权要点】

继承人在继承开始后实际接受遗产前死亡，其应继承的遗产转由他的合法继承人继承，即转继承。转继承实际上是“连续继承”“二次继承”“再继承”。

【典型案例】

唐某夫妇早年双亡，留下三个儿子唐甲、唐乙、唐丙。三兄弟都自立门户。唐甲与妻子离了婚，有一个儿子叫唐丁。唐乙独身未娶妻，因病亡故，留有与兄弟共同继承的父母的遗产——房屋 3 间、存款 1 万元和家具杂物等。唐乙死后不久，唐甲也因车祸死亡。唐丙认为三兄弟，两个已死亡，只剩他一个人了，两个兄长的遗产应由他一人继承。唐甲的儿子却说：“我父亲的遗产应由我和我母亲继承，与唐丙无关，唐乙的遗产我也有份，我以我父亲的身份进行代位继承。”双方各执己见，互不相让。唐丁诉至人民法院，要求保护自己的合法权益。

【法官讲法】

转继承与代位继承从形式上讲很相似，二者都是由原享有继承权的继承人的继承人取得被继承人的遗产。但是，它们又有较明显的区别：(1) 性质不同。转继承是两个直接继承的连续。即首先是继承人直接继承被继承人的遗产；其次是由在继承开始后、遗产分割前死亡的继承人的继承人，又直接取得原应由已死亡继承人继承的遗产。可见。转继承具有连续继承的性质。而代位继承则是由代位继承人一次性地间接继承被继承人的遗产，具有替补继承的性质。(2) 发生的条件不同。转继承是在继承人于继承开始后、遗产分割前死亡的情况下发生的，如果继承人尚生存，就可能直接取得被继承人的遗产，不必转归他人继承。而代位继承则是在继承人先于被继承人死亡的情况下发生的。(3) 主体不同。在转继承的情况下，享有转继承权的人不仅仅局限于被转继承人的晚辈直系血亲，而且还包括被转继承人的其他法定继承人，如配偶、父母、兄弟姐妹、祖父母、外祖父母，他们都是转继承法律关系的权利主体。而在代位继承中，代位继承仅限于被代位继承人的晚辈直系血亲。(4) 适用范围不同。转继承不仅适用于法定继承，而且也适用于遗嘱继承。因为转继承发生在继承开始之后，而此时无论是法定继承人或者遗嘱继承人都已经实际上取得了遗产继承权。由此决定了继承人死亡时，原应由他取得的遗产既可由他的法定继承人继承，也可由其生前指定的遗嘱继承人继承；但代位继承却仅适用于法定继承，而不适用于遗嘱继承。因为，在遗嘱生效前，指定的被代位继承人已经死亡，尚未取得实际的遗产继承权，所以，其晚辈直系血亲也就无法代其取得遗嘱中的指定遗产。

本案中，唐乙死亡后，因为他没有配偶、子女和父母，也就是说他没有第一顺序继承人，我国民法典第1127条第2款规定，继承开始后，由第一顺序继承人继承，第二顺序继承人不继承；没有第一顺序继承人继承的，由第二顺序继承人继承。于是唐乙的遗产就由第二顺序继承人——兄弟来继承，即由唐甲和唐丙继承。现在唐乙死亡后不久即继承开始后、遗产分割前唐甲亦去世，那么唐甲所应继承的遗产就转由其法定继承人继承，本案中唐甲的法定继承人只有其儿子唐丁一人，于是唐甲所应继承的遗产份额由唐丁继承，这是一种转继承，并非代位继承。现在可以确认唐丁也是唐乙的遗产的继承人，唐乙的遗产应当由唐丙和唐丁两人继承。

唐甲死后，他的遗产由谁继承？根据法定继承顺序，唐丁是唐甲的儿子，是唐甲的遗产继承的第一顺序继承人，他当然有权继承唐甲的遗产。

唐丙虽然是唐甲的胞弟，但他属于第二顺序继承人，在有第一顺序继承人时，第二顺序继承人就不继承。因此，唐甲的遗产只能由唐丁一人继承，唐丙无权继承。

唐丁对唐乙的继承权是转继承而得，并非代位继承所得。唐甲的遗产由唐丁一人继承，唐乙的遗产由唐丙和唐丁两人继承。对唐丙提出由他一人继承唐甲、唐乙的全部遗产的要求，法院应不予支持。

【法条指引】

中华人民共和国民法典

第一千一百五十二条 继承开始后，继承人于遗产分割前死亡，并没有放弃继承的，该继承人应当继承的遗产转给其继承人，但是遗嘱另有安排的除外。

最高人民法院关于适用《中华人民共和国民法典》继承编的解释（一）

第三十八条 继承开始后，受遗赠人表示接受遗赠，并于遗产分割前死亡的，其接受遗赠的权利转移给他的继承人。

23. 继子女的亲生子女是否可以享有代位继承权？

【维权要点】

被继承人的子女的下列晚辈直系血亲都享有代位继承权：被继承人的养子女、已形成扶养关系的继子女的生子女；被继承人亲生子女的养子女；被继承人养子女的养子女；与被继承人已形成扶养关系的继子女的养子女。可见，继子女的亲生子女能否享有代位继承权，取决于继子女是否与被继承人形成了扶养关系，即继子女有无继承权。如果继子女有继承权，其亲生子女便享有代位继承权。

【典型案例】

李老先生与前妻生有阿英、阿田两个孩子。他与张女士再婚后，又生有阿扬、阿湘、阿楠三个子女。阿英从小由张女士抚养。李老先生、阿英早年去世。前不久，张女士也因病去世。张女士生前一直居住在阿楠家，由他赡养。她的另两个亲生子女阿扬、阿湘经常去看望她，并为她支付了部分医药费。张女士去世后，阿扬、阿湘起诉阿楠，要求继承张女士的遗产。小山是阿英的儿子。他认为，张女士的遗产中有自己母亲阿英的份额，所以加入诉讼中，要求代位继承遗产的三分之一。阿田放弃了继承权。

【法官讲法】

我国民法典规定，被继承人的子女先于被继承人死亡的，由被继承人的子女的晚辈直系血亲代位继承。代位继承人一般只能继承被代位继承人有权继承的遗产份额。《最高人民法院关于适用〈中华人民共和国民法典〉继承编的解释（一）》规定，被继承人的养子女、已形成扶养关系的继子女的生子女可代位继承。本案中，小山的母亲阿英从小由张女士抚养，虽是张女士的继女，但已与她形成了扶养关系。因此，小山可以代位继承其母亲阿英有权继承的份额。

我国民法典第1125条第1款、第2款规定："继承人有下列行为之一的，丧失继承权：（一）故意杀害被继承人；（二）为争夺遗产而杀害其他继承人；（三）遗弃被继承人，或者虐待被继承人情节严重；（四）伪造、篡改、隐匿或者销毁遗嘱，情节严重；（五）以欺诈、胁迫手段迫使或者妨碍被继承人设立、变更或者撤回遗嘱，情节严重。继承人有前款第三项至第五项行为，确有悔改表现，被继承人表示宽恕或者事后在遗嘱中将其列为继承人的，该继承人不丧失继承权。"本案中，阿英虽然没有对张女士尽到赡养义务，但并没有做上述任何一种行为，也就没有丧失继承权，因而，小山依然享有代位继承权。

张女士在死后留有遗产，但没有留下遗嘱，她的遗产应按法定继承分配。阿田在遗产分配前表示放弃继承，法院应当准许。遗产分配应遵循权利义务对等原则，张女士生前一直由阿楠赡养，阿楠尽了主要赡养义务。阿扬、阿湘也常去看望老人，并为老人支付了部分医药费，所以，他们也尽了一定的赡养义务，但没有阿楠尽的赡养义务多且全面。小山的母亲阿英早年死亡，对张女士所尽的赡养义务较少。小山代位继承，只能继承其母亲可以继承的份额。因此，阿楠应得到遗产的大部分，阿扬、阿湘其次，小山所得最少。

【法条指引】

最高人民法院关于适用《中华人民共和国民法典》
继承编的解释（一）

第十四条 被继承人的孙子女、外孙子女、曾孙子女、外曾孙子女都可以代位继承，代位继承人不受辈数的限制。

第十五条 被继承人的养子女、已形成扶养关系的继子女的生子女可以代位继承；被继承人亲生子女的养子女可以代位继承；被继承人养子女的养子女可以代位继承；与被继承人已形成扶养关系的继子女的养子女也可以代位继承。

24. 法定继承人以外的人对被继承人履行了赡养义务，是否可以继承遗产？

【维权要点】

在遗产分配上，我国民法典分别规定了两种情况：一是法定继承人之间的分配；二是法定继承人以外的人之间的分配。根据民法典第 1127 条、第 1129 条的规定，第一顺序继承人包括：配偶、子女、父母，以及尽了主要赡养义务的丧偶儿媳、丧偶女婿。第二顺序继承人包括：兄弟姐妹、祖父母、外祖父母。可见，孙辈对祖辈即便尽了主要赡养义务，也不能被视为第一顺序继承人。“继承人以外的对被继承人扶养较多的人”，依据民法典第 1131 条的规定，也可以分得适当的遗产。

【典型案例】

王某与前妻生育两个子女，王甲和王乙，均已成家。2014 年 6 月，王某与李某登记结婚，婚后两人与王甲的儿子王丙一起共同生活。2016 年，王某与李某建造了一栋约 200 平方米的二层砖木结构的房屋。2021 年 1 月 18 日，王某因病去世，其与李某共有存款 2 万余元。王某生前主要由孙子王丙赡养。在继承的过程中，王甲、王乙、王丙与李某就遗产分割发生纠纷，诉至人民法院。

【法官讲法】

法律是权利和义务的载体，也是一定数量权利、义务的总和。无论是强调权利还是强调义务，在逻辑上都具有同等的效果。因为权利的实现是以义务的履行作为条件的；义务的履行是以权利的实现作为目标的。权利与义务在数量上的相等，在关系上的对应，决定了在逻辑上只要权利实现了，义务也就履行了；只要义务履行了，权利也就实现了，也就是我们通常强调的“社会主义法律关系的权利与义务是相互对称和不可分离的，没有无义务的权利，也没有无权利的义务。法律上一方享有权利，则另一方必定负有相应的义务，或者双方互为权利与义务的担当者”。我国民法典的规定同样体现了上述原则。根据民法典第 1127 条、第 1129 条的规定，第一顺序继承人包括：配偶、子女、父母，以及尽了主要赡养义务的丧偶儿媳、丧偶女婿。第二顺序继承人包括：兄弟姐妹、祖父母、外祖父母。第 1128 条规定：“被继承人的子女先于被继承人死亡的，由被继承人的子女的直系晚辈血亲代位继承。被继承人的兄弟姐妹先于被继承人死亡的，由被继承人的兄弟姐妹的子女代位继承。代位继承人一般只能继承被代位继承人有权继承的遗产份额。”

本案中，王丙并不存在代位继承的情形，也不属于第 1127 条和第 1129 条规定的法定继承人的范围，所以将王丙视为第一顺序继承人缺乏法律依据。我国民法典第 1131 条规定：“对继承人以外的依靠被继承人扶养的人，或者继承人以外的对被继承人扶养较多的人，可以分给适当的遗产。”这一条是承认非继承人酌情分得遗产的权利。可分得遗产的人是指参加继承的继承人以外的不得参加继承的人，既可以是非法定继承人，也可以是不能参加继承的法定继承人范围内的人。可分得遗产的人包括两种：一是继承人以外的依靠被继承人扶养的缺乏劳动能力又没有生活来源的人；二是继承人以外的对被继承人扶养或赡养较多的人。王丙属于第二种可分得遗产的人。《最高人民法院关于适用〈中华人民共和国民法典〉继承编的解释（一）》第 19 条规定：“对被继承人生活提供了主要经济来源，或者在劳务等方面给予了主要扶助的，应当认定其尽了主要赡养义务或主要扶养义务。”王丙从小就同王某和李某一起共同生活，在王某去世之前，王丙对王某尽了生养送终的义务，应认定王丙对王某尽了较多的赡养义务。《最高人民法院关于适用〈中华人民共和国民法典〉继承编的解释（一）》第16条规定：“代位继承人缺乏劳动能力又没有生活来源，或者对被继承人尽过主要赡养义务的，分配遗产时，可以多分。”第17条规定：“继承人丧失继承权的，其晚辈直系血亲不得代位继承。如该代位继承人缺乏劳动能力又没有生活来源，或者对被继承人尽赡养义务较多的，可以适当分给遗产。”这两条都在于保护可分得遗产的人的合法权利，也充分体现了法律对我国赡养老人的传统美德的肯定。综合以上分析，王丙对王某的遗产可以适当分得一部分。

【法条指引】

中华人民共和国民法典

第一千一百二十九条 丧偶儿媳对公婆，丧偶女婿对岳父母，尽了主要赡养义务的，作为第一顺序继承人。

第一千一百三十一条 对继承人以外的依靠被继承人扶养的人，或者继承人以外的对被继承人扶养较多的人，可以分给适当的遗产。

最高人民法院关于适用《中华人民共和国民法典》继承编的解释（一）

第十九条 对被继承人生活提供了主要经济来源，或者在劳务等方面给予了主要扶助的，应当认定其尽了主要赡养义务或主要扶养义务。

25. 打印的遗嘱是否合法有效？

【维权要点】

遗嘱必须体现遗嘱人的真实意思表示。遗嘱人意思表示的方式可以多种多样，如交付遗嘱的草稿、直接口述、电话指示以及托人转达等。判断遗嘱的效力，在具备法定基本形式的前提下，关键要看其内容是否是遗嘱人的真实意思表示。

【典型案例】

李先生生前立下一份遗嘱，将自己的全部遗产交由儿子继承。拟好后，李先生请朋友张先生为他打印，在打印好的遗嘱上亲笔签名，还有两名证人现场见证，并签字。2021 年 2 月，李先生去世。李先生的女儿认为，父亲生前虽留有遗嘱，但遗嘱不是他亲笔书写，也没给母亲留下应有份额，这份遗嘱应是无效遗嘱。所以，诉至人民法院，要求对李先生留下的遗产进行继承。李先生的儿子认为，父亲所立遗嘱是他的真实意思表示，并有他的签字，从形式到内容都符合法律规定，应认定为有效遗嘱。遗嘱已明确写明，父亲的个人财产归自己所有，因此，不同意原告的诉讼请求。

【法官讲法】

民事法律行为，一般称为法律行为，是指民事主体为了设立、变更或者终止民事法律关系而实施的行为。在我国，民事立法确认民事法律行为可采用的形式包括明示形式和默示形式两大类。所谓明示形式就是行为人用积极的、直接的、明确的方式表达其内部意思于外部，具体包括用言语进行表达内心意思的口头形式和用文字表达内心意思的书面形式及其他形式。所谓其他形式具体可表现为视听资料形式和须经特定主管机关履行特定手续的特殊书面形式，诸如公证、审核批准、登记等。默示形式是指不依赖语言或文字等明示形式，而通过某种事实即可推知行为人的意思表示而成立的民事法律行为形式。行为人虽然并没有作出明示的意思表示，但根据法律的规定，可以认定行为人的某种客观事实状态就是表达同意进行民事活动的意思。

公民有权处分自己的个人合法财产，法律规定遗嘱方式，是为了体现公民的真实意思表示。遗嘱人意思表示的方式可以是多种多样的。如交付遗嘱的草稿、直接口述、电话指示以及托人转达等。民法典规定，自然人可以立遗嘱将个人财产指定由法定继承人中的一人或者数人继承。自书遗嘱由遗嘱人亲笔书写，签名，注明年、月、日。代书遗嘱应当有两个以上见证人在场见证，由其中一人代书，并由遗嘱人、代书人和其他见证人签名，注明年、月、日。打印遗嘱应当有两个以上见证人在场见证。遗嘱人和见证人应当在遗嘱每一页签名，注明年、月、日。此外，民法典还规定了录音遗嘱、公证遗嘱等多种订立遗嘱的方式。

本案中，李先生生前将自己拟制的遗嘱委托他人打印，遗嘱在形式上虽不是李先生亲自书写，但订立遗嘱及遗嘱的内容是李先生的真实意思表示，遗嘱上有他的亲笔签名，并有两个无利害关系的证人在场见证并签字，所以，应认定遗嘱有效。

【法条指引】

中华人民共和国民法典

第一千一百三十三条 自然人可以依照本法规定立遗嘱处分个人财产，并可以指定遗嘱执行人。

自然人可以立遗嘱将个人财产指定由法定继承人中的一人或者数人继承。

自然人可以立遗嘱将个人财产赠与国家、集体或者法定继承人以外的组织、个人。

自然人可以依法设立遗嘱信托。

第一千一百三十四条 自书遗嘱由遗嘱人亲笔书写，签名，注明年、月、日。

第一千一百三十五条 代书遗嘱应当有两个以上见证人在场见证，由其中一人代书，并由遗嘱人、代书人和其他见证人签名，注明年、月、日。

第一千一百三十六条 打印遗嘱应当有两个以上见证人在场见证。遗嘱人和见证人应当在遗嘱每一页签名，注明年、月、日。

第一千一百三十七条 以录音录像形式立的遗嘱，应当有两个以上见证人在场见证。遗嘱人和见证人应当在录音录像中记录其姓名或者肖像，以及年、月、日。

第一千一百三十八条 遗嘱人在危急情况下，可以立口头遗嘱。口头遗嘱应当有两个以上见证人在场见证。危急情况消除后，遗嘱人能够以书面或者录音录像形式立遗嘱的，所立的口头遗嘱无效。

第一千一百三十九条 公证遗嘱由遗嘱人经公证机构办理。

26. 律师进行代书遗嘱却导致遗嘱无效，是否应当承担赔偿责任？

【维权要点】

律师事务所接受代书遗嘱的委托后，应按规定派出两名无利害关系的律师或见证人同时到场，以确保代书遗嘱的法律效力，如果履约不当导致遗嘱无效，造成损失的，应该进行赔偿。

【典型案例】

索老太有两个儿子徐大和徐小。索老太一直以来与大儿子徐大关系好，便想等自己去世之后，将名下所有财产让徐大一人继承。经人指点，2019 年 11 月 20 日，索老太到某律师事务所，将自己的意愿作了说明，委托该所代写遗嘱。双方签订了《聘请律师合同》，约定由该所的孙律师完成代书遗嘱的相关事宜，为此，她支付了 3000 元非诉代理费。第二天，孙律师携带草拟的遗嘱到索老太处，告诉她还需要一名见证人。索老太听后表示可以请其弟弟刘某证明。随后，孙律师和徐大一起到刘某家，在孙律师说明缘由后，刘某在遗嘱上签了名。索老太于 2021 年 4 月 5 日病逝。办完丧事，徐大即持遗嘱要求继承遗产，但遭到父亲和弟弟徐小的反对，双方诉至人民法院。法院审理后认为这份代书遗嘱无效，判决索老太的遗产按照法定继承的方式由徐大、其父、徐小三人均分。徐大事后认为败诉是因为那份没有发生效力的代书遗嘱的缘故，于是将律师事务所作为被告提起诉讼。

【法官讲法】

从合同目的来看，索老太与被告律师事务所建立的法律服务合同关系，其目的就是代书遗嘱。被告律师事务所的合同义务就是为索老太完成一份在法律上具有效力的代书遗嘱。被告履约不当未完成这一义务，构成违约。

索老太因为自己法律专业知识欠缺而聘请律师代书遗嘱，目的是使自己的遗嘱行为合法有效。而依照法律规定，代书遗嘱只有在两个以上见证人在场见证才能完成。作为接受索老太委托的律师，对此项行内业务理应十分熟悉。可是，受托律师明知索老太的弟弟不能成为有效的见证人，却依然按索老太的意思操作，最终致使遗嘱归于无效，律师显然没有尽到有偿服务的义务。接受委托并非受托人完全按委托者的意思表示作为即可，而是要在后者的真实意思表示范围内，既尊重委托人的真实意思，更为这一意思表示的形式合法负责。至于委托人为此支付的费用，其实质也就是受托者善尽义务后应得的报酬。

本案中的律师事务所履约不当而未完成这一义务，导致徐大不能全部继承索老太的遗产，律师事务所理应赔偿徐大由此所受的损失。

【法条指引】

中华人民共和国民法典

第一千一百三十三条 自然人可以依照本法规定立遗嘱处分个人财产，并可以指定遗嘱执行人。

自然人可以立遗嘱将个人财产指定由法定继承人中的一人或者数人继承。

自然人可以立遗嘱将个人财产赠与国家、集体或者法定继承人以外的组织、个人。

自然人可以依法设立遗嘱信托。

第一千一百三十四条 自书遗嘱由遗嘱人亲笔书写，签名，注明年、月、日。

第一千一百三十五条 代书遗嘱应当有两个以上见证人在场见证，由其中一人代书，并由遗嘱人、代书人和其他见证人签名，注明年、月、日。

第一千一百三十六条 打印遗嘱应当有两个以上见证人在场见证。遗嘱人和见证人应当在遗嘱每一页签名，注明年、月、日。

第一千一百三十七条 以录音录像形式立的遗嘱，应当有两个以上见证人在场见证。遗嘱人和见证人应当在录音录像中记录其姓名或者肖像，以及年、月、日。

第一千一百三十八条 遗嘱人在危急情况下，可以立口头遗嘱。口头遗嘱应当有两个以上见证人在场见证。危急情况消除后，遗嘱人能够以书面或者录音录像形式立遗嘱的，所立的口头遗嘱无效。

第一千一百三十九条 公证遗嘱由遗嘱人经公证机构办理。

27. 公证机构能否撤销遗赠公证书？

【维权要点】

遗赠人办理公证遗赠后，与继承权益相关的人员认为公证书有错误的，可以向出具该公证书的公证机构提出复查。如果公证遗赠的内容违法或者与事实不符的，公证机构应当撤销该公证书并予以公告，该公证书自始无效；公证书有其他错误的，公证机构应当予以更正。当事人、公证事项的利害关系人对公证机构作出的撤销或者不予撤销公证书的决定有异议的，可以向地方公证协会投诉。地方公证协会应当自受理投诉之日起60日内提出处理意见。

【典型案例】

周某有一份《接受遗赠公证书》，遗产是其祖母遗赠的。公证6年后，周某的祖母因病去世。此时周某的父亲要求法定继承，向公证处申请撤销周某的《接受遗赠公证书》，公证处在接受申请后，以证据“不充分”为由撤销了公证书，公证处的撤销法律依据是公证法第39条。周某认为，祖母在世的时候尤其是在患病期间，父亲从没有过问过老人，祖母全部由周某一个人照料，遗产是周某祖母自愿赠送给他的，并有很多人可以作证。因此，主张公证处的行为是错误的，拒不接受公证处的撤销决定。

【法官讲法】

由于孙子女、外孙子女不是祖父母、外祖父母的法定继承人，因此，祖父母、外祖父母通过遗嘱方式将遗产留给孙子女、外孙子女的，属于遗赠。该《接受遗赠公证书》实际上是一份公证遗赠，遗赠在祖母去世后生效。公证法第39条中规定，公证书的内容违法或者与事实不符的，公证机构应当撤销。根据《遗嘱公证细则》第23条的规定，公证处经过调查核实后，只有在公证遗嘱部分内容确属违法的情况下，才能撤销对公证遗嘱中违法部分的公证证明。可见，撤销公证遗嘱的原因只能是“内容违法或者与事实不符”。所以，公证处以“证据不充分”为由撤销公证遗嘱的行为是不合法的，应当予以撤销。祖母的遗产，应当由周某依照遗嘱继承方式继承。

本案中，周某可以依据《公证程序规则》第67条的规定，向地方公证协会投诉。

【法条指引】

中华人民共和国公证法

第三十九条 当事人、公证事项的利害关系人认为公证书有错误的，可以向出具该公证书的公证机构提出复查。公证书的内容违法或者与事实不符的，公证机构应当撤销该公证书并予以公告，该公证书自始无效；公证书有其他错误的，公证机构应当予以更正。

遗嘱公证细则

第二十三条 公证遗嘱生效后，与继承权益相关的人员有确凿证据证明公证遗嘱部分违法的，公证处应当予以调查核实；经调查核实，公证遗嘱部分内容确属违法的，公证处应当撤销对公证遗嘱中违法部分的公证证明。

公证程序规则

第六十一条 当事人认为公证书有错误的，可以在收到公证书之日起一年内，向出具该公证书的公证机构提出复查。

公证事项的利害关系人认为公证书有错误的，可以自知道或者应当知道该项公证之日起一年内向出具该公证书的公证机构提出复查，但能证明自己不知道的除外。提出复查的期限自公证书出具之日起最长不得超过二十年。

复查申请应当以书面形式提出，载明申请人认为公证书存在的错误及其理由，提出撤销或者更正公证书的具体要求，并提供相关证明材料。

第六十三条 公证机构进行复查，应当对申请人提出的公证书的错误及其理由进行审查、核实，区别不同情况，按照以下规定予以处理：

（一）公证书的内容合法、正确、办理程序无误的，作出维持公证书的处理决定；

（二）公证书的内容合法、正确，仅证词表述或者格式不当的，应当收回公证书，更正后重新发给当事人；不能收回的，另行出具补正公证书；

（三）公证书的基本内容违法或者与事实不符的，应当作出撤销公证书的处理决定；

（四）公证书的部分内容违法或者与事实不符的，可以出具补正公证书，撤销对违法或者与事实不符部分的证明内容；也可以收回公证书，对违法或者与事实不符的部分进行删除、更正后，重新发给当事人；

（五）公证书的内容合法、正确，但在办理过程中有违反程序规定、缺乏必要手续的情形，应当补办缺漏的程序和手续；无法补办或者严重违反公证程序的，应当撤销公证书。

被撤销的公证书应当收回，并予以公告，该公证书自始无效。

公证机构撤销公证书或出具补正公证书的，应当于撤销决定作出或补正公证书出具当日报地方公证协会备案，并录入全国公证管理系统。

第六十七条　当事人、公证事项的利害关系人对公证机构作出的撤销或者不予撤销公证书的决定有异议的，可以向地方公证协会投诉。

投诉的处理办法，由中国公证协会制定。

公证复查争议投诉处理办法（试行）

第六条　投诉人应当自收到或者知道公证机构作出的撤销或者不予撤销公证书的复查决定之日起六十日内，向地方公证协会提出公证复查争议投诉。

第十八条　地方公证协会应当自受理之日起六十日内提出处理意见。因不可抗力、补充证明材料或者需要调查核实有关情况的，所需时间不计算在前款规定的期限内。

第十九条　地方公证协会应当根据不同情况，按以下规定处理投诉事项：

（一）认为公证机构撤销或者不予撤销公证书的复查决定正确的，对投诉人的请求不予支持，并告知被投诉人；

（二）认为公证机构撤销或者不予撤销公证书的复查决定错误的，对投诉人的请求予以支持，书面建议被投诉人撤销原复查决定，重新作出复查决定；

（三）认为公证机构撤销或者不予撤销公证书的复查决定不适当或者有疑义的，书面建议被投诉人就原公证争议重新进行复查。

28. 协议中约定附条件供孩子上学，能否以此为据继承财产？

【维权要点】

遗赠作为遗嘱继承的一种特殊形式，也必须符合遗嘱继承的构成要件。同时，遗嘱继承或者遗赠附有义务的，继承人或者受遗赠人应当履行义务。没有正当理由不履行义务的，经有关单位或者个人请求，人民法院可以取消他接受遗产的权利。

【典型案例】

2021 年 5 月 28 日，年仅 50 岁、一直独身的中学教师韦某突然死亡，遗产有二层平房 5 间、瓦房 4 间、厦房 2 间、4 本存折金额共计 2000 元及现金 5020 元。因韦某没有任何法定继承人，他所工作的乡教育组出面，拿出 2000 元，另有韦某的遗产 2600 元，共计 4600 元，作为丧葬费交给韦某的堂兄韦甲，让其出面处理后事。韦甲按当地民间习俗将韦某安葬。在安葬韦某时，韦甲及其弟韦乙均没有出资。其后，兄弟 2 人为分割韦某的遗产发生争执。韦乙以与韦某签有协议为由，将兄长告上法庭，请求依法继承韦某的遗产。韦乙提供给法庭的协议签于 2009 年 8 月 20 日，是由陈某执笔书写的。协议约定：（1）韦某愿把父亲生前的责任田让韦乙耕种，但可根据情况随时收回。（2）韦某若有其他情况出现，韦乙应尽力帮助和照顾。（3）韦乙经常教育其两个孩子养成孝顺侍奉韦某的习惯，韦某拿出积蓄供其两个孩子上学使用。（4）若韦乙违反以上三条，韦某不但随时收回其父亲的责任田，韦某的家业及全部积蓄去世后也不归韦乙的两个孩子所有。但韦甲不承认有该协议，并指出韦乙及其两个孩子平时很少去看望韦某。

【法官讲法】

遗赠，是指公民以遗嘱方式将其遗产中财产权利的一部分或全部赠给国家、集体组织、社会团体或法定继承人以外的个人，在遗嘱人死后发生法律效力的法律行为。立遗嘱人为遗赠人，接受遗赠的人为受遗赠人。

遗赠具有以下法律特征：（1）遗赠是单方面的法律行为。遗嘱人通过遗嘱将个人财产遗赠给他人时，并不需要征得其同意。遗赠人在生前亦可单方面取消该遗赠。同样，受遗赠人可以接受遗赠，也可不接受遗赠。（2）遗赠是无偿的、自愿的，遗赠人死后才发生法律效力的法律行为。(3) 受遗赠人是法定继承人以外的其他人，包括国家、集体组织、社会团体和个人。(4) 遗赠的标的只能是遗产中的财产权利，而不能是财产义务（如债务）。如果遗产中的所有权和债权的标的之价值大于债务标的之价值，遗赠人可将全部遗产赠给受遗赠人，最终受遗赠人应得到财产利益。(5) 受遗赠权不能由他人代替行使。当受遗赠人先于遗赠人死亡，其受遗赠权便自然消失。当受遗赠人不愿接受遗赠，他也不能将该遗赠财产转给他人。但是，当继承开始后，受遗赠人表示接受遗赠，并于遗产分割前死亡的，其接受遗赠的权利转移给他的继承人。(6) 清偿遗赠人的债务优先于执行遗赠。我国民法典第 1162 条规定："执行遗赠不得妨碍清偿遗赠人依法应当缴纳的税款和债务。"(7) 遗赠人行使遗赠权不得违背法律规定。遗赠作为一项遗产处分，必须符合法律规定。遗赠作为遗嘱继承的一种特殊形式，必须也符合遗嘱继承的构成要件。根据民法典第 1135 条的规定，遗嘱人找人代书遗嘱时要求两个以上见证人在场见证，见证人的证明直接关系到代书遗嘱的效力。

本案中，韦乙与韦某生前所签订的协议只能证明韦某对其父亲生前责任田的处理，并不能说明对自己个人财产作出处分，且仅有陈某一人证明，不符合法律规定的遗赠行为的生效条件，故韦乙依此协议主张遗产权利，理由不能成立。即便假设该遗赠协议有效，也属于一种附条件的遗赠，所附条件为"韦某若有其他情况出现，韦乙应尽力帮助和照顾""韦乙经常教育其两个孩子养成孝顺侍奉韦某的习惯"，这是韦乙接受遗赠应当履行的义务。而事实上韦乙并没有尽赡养义务。民法典第 1144 条规定："遗嘱继承或者遗赠附有义务的，继承人或者受遗赠人应当履行义务。没有正当理由不履行义务的，经利害关系人或者有关组织请求，人民法院可以取消其接受附义务部分遗产的权利。"同时，韦甲和韦乙仅是韦某的堂兄弟，既不是第一顺序继承人，也不是第二顺序继承人，两人对韦某生前均未尽赡养义务，因此，两人均无权得到韦某的遗产。民法典第 1160 条规定："无人继承又无人受遗赠的遗产，归国家所有，用于公益事业；死者生前是集体所有制组织成员的，归所在集体所有制组织所有。"因此，韦某的遗产依法应归国家所有。

【法条指引】

中华人民共和国民法典

第一千一百六十条 无人继承又无人受遗赠的遗产，归国家所有，用于公益事业；死者生前是集体所有制组织成员的，归所在集体所有制组织所有。

最高人民法院关于适用《中华人民共和国民法典》
继承编的解释（一）

第二十九条 附义务的遗嘱继承或者遗赠，如义务能够履行，而继承人、受遗赠人无正当理由不履行，经受益人或者其他继承人请求，人民法院可以取消其接受附义务部分遗产的权利，由提出请求的继承人或者受益人负责按遗嘱人的意愿履行义务，接受遗产。

29. 一处房产两次赠与，哪一次合法有效？

【维权要点】

赠与合同是赠与人将自己的财产无偿给予受赠人，受赠人表示接受赠与的合同。赠与人只能赠与属于自己的财产，而不能以赠与方式处分他人的财产。赠与合同是单务、无偿合同，同时也是实践合同，即必须实际给付赠与物，赠与才生效。赠与房产需要依法办理登记手续，否则赠与合同不生效。

【典型案例】

李先生夫妇拥有一套四合院，院内有 11 间房屋。2015 年，李先生以自己名义为 11 间房屋办理了房屋产权证。一年后，经公证处公证，李先生夫妇自愿将南房赠与了女儿小平。但小平没有实际占有、使用此房，也没有到国家有关房屋管理机关办理产权过户手续。2018 年，李先生的妻子病故。此后不久，李先生将四合院内的所有房屋，包括曾经公证赠与女儿的南房，全部赠与了儿子小丰。此事经过了公证，小丰以自己的名义办理了产权过户手续。自此，李先生与小丰一家在四合院内居住。2021 年，小平将李先生、小丰诉至人民法院，要求确认南房归自己所有，二人腾退房屋。

【法官讲法】

我国民法典第657条规定，赠与合同是赠与人将自己的财产无偿给予受赠人，受赠人表示接受赠与的合同。第659条规定，赠与的财产依法需要办理登记或者其他手续的，应当办理有关手续。可见，赠与合同是单务、无偿合同，同时也是实践合同，即必须实际给付赠与物，赠与才生效。本案中，李先生对小平、小丰的赠与合同都经过公证，这两个赠与合同都符合赠与合同成立的要素，所以，两个合同在形式上都成立。但合同的成立与生效是两个不同的法律概念。赠与合同的生效要以实际给付为要件。不动产的给付是法律规定的要式行为，即必须到国家有关机关办理产权过户登记手续，否则，所有权不发生转移，赠与合同不生效。李先生夫妇自愿将南房赠与小平，小平也表示接受赠与并办理了公证，所以，公证成立。但小平没有依法办理产权过户手续，也没有实际占有、使用房屋，因此，赠与合同没有实际生效，房屋的所有权没有发生转移，南房仍是李先生夫妇的共有财产。而李先生对儿子小丰的赠与，及时办理了房产的过户手续，小丰和家人也一直占有、使用房屋，房屋的所有权转移，所以，此赠与合同在形式上是成立且生效的。

虽然李先生对小丰的赠与是生效的，但不能及于全部房产。2018年，李先生的妻子病故后，家庭成员没有对四合院内的房屋，包括南房进行析产继承，所有房屋，包括南房都处于共有状态，李先生只能处分自己的财产，而无权处分其妻的遗产。李先生将全部房屋赠与小丰是擅自处分共有财产的行为，其对自己应继承妻子遗产部分的赠与是有效的合法处分，对其他人应继承妻子遗产部分的赠与是无效的无权处分。所以，李先生自行处分共有财产的行为是部分有效、部分无效的民事行为。对此，小平可以以李先生无权处分自己应继承的母亲遗产份额为由，起诉要求继承母亲的遗产，以维护自己的合法权益。但小平现在起诉要求确认南房归自己所有，没有法律依据，无法得到法院的支持。

【法条指引】

中华人民共和国民法典

第六百五十七条　赠与合同是赠与人将自己的财产无偿给予受赠人，

受赠人表示接受赠与的合同。

第六百五十九条 赠与的财产依法需要办理登记或者其他手续的，应当办理有关手续。

30. 将遗产赠与“第三者”，是否有效?

【维权要点】

所有的民事行为包括遗产赠与行为，都必须尊重社会公德，不得损害社会公共利益，违背民法的基本原则。在配偶等法定继承人尚在的情况下，将遗产赠与“第三者”，显然违反了社会公共道德和良善风俗，应属无效。

【典型案例】

张某（女）与王某（男）于 1990 年结婚，婚后夫妻感情较好，未生育小孩。2009 年，王某结识孙某，不久后，二人便租房公开同居生活。2021 年 10 月，王某因急性肝癌晚期住院治疗，住院期间一直由张某及其亲友照料，直至去世。临死之前，王某立下书面遗嘱并经公证，将其所得的住房补贴金、公积金、抚恤金、金首饰、手机一部和变卖位于某市的房产的售房款的一半等共计 20 万元遗赠给孙某所有；骨灰盒由孙某保管。王某去世后，孙某以张某控制上述财产、拒不交付、侵害其财产为由起诉至人民法院。张某提出，王某将自己的遗产遗赠给“第三者”孙某，违反社会公德，遗赠行为无效。孙某认为，“法律未明确禁止的行为即为合法”是民法的基本原则，法律既未禁止违法者或不道德者立遗嘱处分自己的合法财产，也未禁止公民将遗产遗赠给违法者或不道德者，因此认为其接受遗赠的权利不能被剥夺。

【法官讲法】

遗赠人王某在与张某尚存婚姻关系的情况下，公然与孙某同居，且立下遗嘱将财产遗赠给与其长期非法同居的孙某。这一行为违反了“公序良俗”的民法基本原则和民法典确立的一夫一妻制原则。在王某患肝癌至死亡时，均由张某及其亲友照顾，而王某却在此期间将全部个人财产遗赠给同居之“第三者”，完全无视与自己共同生活三十多年的合法妻子张某的存在，不符合一般的家庭道德，与普通民众的道德理念背道而驰。民法作为一国人民思想、文化、观念、传统的集中体现，不能忽视来自民众的声音，否则法律就不能渗入社会实践，不能对人民群众的意识行动产生导向作用。本案中如果机械地按照民法典第1133条进行处理，实质上是对遗赠人王某“包二奶”，将财产赠与“二奶”这种严重违反道德规范的行为给予支持，破坏了我国倡导的社会良善行为规范，使广大群众对法律的公平与正义产生怀疑。民法典也将“禁止有配偶者与他人同居”这种道德性社会规范以法律的形式确定下来。可见，如果保护“第三者”孙某在本案中可能获得的利益，有违民法典的立法精神，这种情况的出现，是民法典的立法者们在立法时不能预见的，这也是成文法的局限所在。民法典总则编对民事行为的原则性规定，也是在保证引用各编的规定有违立法精神的情况下，能最终实现法律的公平与正义。所以，对于本案，根据民法典的规定，民事主体从事民事活动，应当遵循自愿，公平，诚信原则，不得违反法律，不得违背公序良俗，应宣告遗赠行为无效。

【法条指引】

中华人民共和国民法典

第四条 民事主体在民事活动中的法律地位一律平等。

第五条 民事主体从事民事活动，应当遵循自愿原则，按照自己的意思设立、变更、终止民事法律关系。

第六条 民事主体从事民事活动，应当遵循公平原则，合理确定各方的权利和义务。

第七条 民事主体从事民事活动，应当遵循诚信原则，秉持诚实，恪守承诺。

第八条 民事主体从事民事活动，不得违反法律，不得违背公序良俗。

第九条 民事主体从事民事活动，应当有利于节约资源、保护生态环境。

第一百四十三条 具备下列条件的民事法律行为有效：

（一）行为人具有相应的民事行为能力；

（二）意思表示真实；

（三）不违反法律、行政法规的强制性规定，不违背公序良俗。

第一百五十三条 违反法律、行政法规的强制性规定的民事法律行为无效。但是，该强制性规定不导致该民事法律行为无效的除外。

违背公序良俗的民事法律行为无效。

第一百五十五条 无效的或者被撤销的民事法律行为自始没有法律约束力。

第一千一百三十三条 自然人可以依照本法规定立遗嘱处分个人财产，并可以指定遗嘱执行人。

自然人可以立遗嘱将个人财产指定由法定继承人中的一人或者数人继承。

自然人可以立遗嘱将个人财产赠与国家、集体或者法定继承人以外的组织、个人。

自然人可以依法设立遗嘱信托。

第一千一百五十四条 有下列情形之一的，遗产中的有关部分按照法定继承办理：

（一）遗嘱继承人放弃继承或者受遗赠人放弃受遗赠；

（二）遗嘱继承人丧失继承权或者受遗赠人丧失受遗赠权；

（三）遗嘱继承人、受遗赠人先于遗嘱人死亡或者终止；

（四）遗嘱无效部分所涉及的遗产；

（五）遗嘱未处分的遗产。

31. 国有企业能否与职工签订遗赠扶养协议？

【维权要点】

遗赠扶养协议中的扶养主体必须是法定继承人以外的公民或集体组织。职工与国有企业签订遗赠扶养协议，违反了法律规定，应属无效。

【典型案例】

李某（男）与许某（女）于1994年结婚。婚后，育有一女李某某。李某某祖父李甲有位于市区的祖传房产一处。1999年，李甲去世后，该房产的产权过户到其祖母王某名下。李某在市区有单位分配的住房一处。

2001 年，李某去世后，李某某及其母许某因继承上述两处房产的问题与王某发生纠纷。许某作为法定代理人，以李某某的名义向人民法院提起诉讼。经人民法院调解，双方达成协议：李某单位分配的住房一处由李某某和许某继承；过户到王某名下的李甲的祖传房产一处，王某生前享有占有、使用、收益、处分的权利，李某某和许某不得干涉。

王某自丈夫和儿子去世后，年老体弱，患病期间无人照顾，由其退休前所在单位（某国有企业）派人护理。王某病愈后，单位又安排职工照料其日常生活。王某对此甚为感激，于 2002 年自愿立遗嘱，将其名下的房产无偿赠与所在单位。2003 年 6 月，王某又与单位签订了遗赠扶养协议，约定王某生前由单位照料其生活，死后单位为其安排丧葬事宜。2021 年 10 月，王某去世，单位为其办理了丧事，并将王某名下的房产收归国有。李某某以其母作为法定代理人向人民法院提起诉讼，主张王某的遗产中包含应由李某某代位继承的部分；王某与其生前所在单位签订的遗赠扶养协议违反法律规定，应归于无效。王某生前所在单位答辩称：王某名下的房产经人民法院调解，已明确归王某所有。其生前自愿与单位签订了遗赠扶养协议，合法有效。本单位按照协议履行了对王某的生养死葬的义务。该房产应按照协议收归国有。李某某与其母许某在王某生前未履行赡养义务，在王某死后亦未出面处理丧葬事宜，对其继承遗产的诉讼请求人民法院不应当支持。

【法官讲法】

根据民法典的规定，父母和子女有相互继承遗产的权利。民法典也规定，遗产的第一顺序继承人为配偶、子女、父母。李某某的祖父李甲去世后，李某某之父李某对其母王某居住的房屋有继承权；李某去世后，王某对其子遗留的房屋也有继承权。李某的继承权由其女儿李某某代位继承。王某和李某某对彼此居住的房屋互有继承权。双方因继承权发生纠纷，并于 2001 年经人民法院调解达成协议，李某单位分配的住房一处由居住的李某某及其母许某继承；王某居住的李甲祖传房产一处（已过户到王某名下），王某生前享有占有、使用、收益、处分的权利，李某某和许某不得干涉，即归王某所有。作为法定代理人，许某对李某某应继承的遗产份额的代理处分未损害李某某的利益。该协议应认定为合法有效。因此，王某有权处分其名下的房产。

民法典第1133条第3款规定："自然人可以立遗嘱将个人财产赠与国家、集体或者法定继承人以外的组织、个人。"王某自丈夫和儿子去世后，年老体弱，患病期间无人照顾，由其退休前所在单位（某国有企业）派人护理。王某病愈后，单位又安排职工照料其日常生活。王某于2002年自愿立遗嘱，将其名下的房产无偿赠与所在单位。该遗嘱是王某的真实意思表示，处分的是王某个人所有的财产，合法有效。2003年6月，王某又与单位签订了遗赠扶养协议，约定王某生前由单位照料其生活，死后单位为其安排丧葬事宜。2021年10月，王某去世，单位为其办理了丧事，并将王某名下的房产收归国有。王某先是用遗嘱的形式将自己的房产遗赠给其所在单位，后又以同一标的物与所在单位签订了遗赠扶养协议。这里就发生了是遗嘱有效还是遗赠扶养协议有效的问题。遗赠扶养协议作为遗赠人处分其财产的意思表示从性质上也是一种遗嘱。按照民法典第1142条第1款的规定："遗嘱人可以撤回、变更自己所立的遗嘱。"因此，王某以遗赠扶养协议撤销、变更了自己先前所立的遗嘱。王某原来立的遗嘱在这个意义上已经属于失效的遗嘱。但笔者认为，民法典第1133条第3款规定："自然人可以立遗嘱将个人财产赠与国家、集体或者法定继承人以外的组织、个人。"王某生前所在单位是国有企业，双方签订的遗赠扶养协议违反了法律规定，应归于无效。在这种情况下，王某原来所立的遗嘱继续有效。

民法典第1141条规定："遗嘱应当为缺乏劳动能力又没有生活来源的继承人保留必要的遗产份额。"李某某与王某是孙女与祖母的关系。李某某之父李某死后，李某某对王某的遗产有代位继承权。李某某是未成年人，王某在立遗嘱时，没有为李某某留下遗产，王某的遗嘱是否有效？对此，应当看到民法典的上述规定是针对被继承人的继承人而言的，不包括代位继承人。所以，立遗嘱人在立遗嘱时以及在立遗嘱人死亡时认定此遗嘱的效力，是不用考虑代位继承人的问题的。另外，假定李某某处于继承人的地位，李某某虽未成年，不具有劳动能力，但由其母亲供养，应当认为其有生活来源。李某某不具备民法典规定的条件。王某在立遗嘱时没有为李某某留下遗产，不违反法律规定，合法有效。王某名下的房产应当按照其遗嘱处理，由其生前所在单位继承。

【法条指引】

中华人民共和国民法典

第一千一百五十八条　自然人可以与继承人以外的组织或者个人签订遗赠扶养协议。按照协议，该组织或者个人承担该自然人生养死葬的义务，享有受遗赠的权利。

32. 法定继承人同时又是代位继承人和转继承人，遗产应如何分配？

【维权要点】

当继承人兼具（普通）法定继承人、代位继承人和转继承人的身份时，要按照继承发生的顺序，依次划分好继承遗产的份额。

【典型案例】

陈某（男）与郑某（女）有三个子女：长子陈甲、次子陈乙、长女陈丙。陈甲与魏某于1996年结婚，婚后生有一子陈某某。两人于2002年因感情不和离婚。离婚后，陈某某由陈甲抚养。2005年，陈甲在一次空难中死亡。保险公司支付保险赔偿金10万元（未指定受益人）；民航局支付赔偿金72560元；陈甲所在单位一次性发给抚恤金2965元、安葬费800元，按月付给陈某某生活补助费每月59.80元。上述款项由郑某领取，并从中支付了陈甲的安葬费7260元。陈甲死亡后，陈某某随郑某生活，经其母魏某同意，被送进某小学读书。郑某为其支付学费14535元。2020年，陈某死亡。同年底，陈某某回到母亲魏某身边生活。但陈甲的遗产未分割。2021年，陈某某因索要遗产与郑某发生纠纷，由其母魏某为法定代理人，向人民法院提起诉讼，请求继承其父遗产中应得的份额8万元。郑某辩称，陈甲遇难后所得的上述款项属实，但安葬陈甲和支付陈某某的学费已花去2万余元，陈某某实际应得的款项为44292元。

【法官讲法】

本案涉及的是法定继承同时发生转继承和转继承中的代位继承的问题。

首先，在共同继承的特定条件下，遗产占有人可以为特定事项单方处分共有遗产。被继承人死亡，继承开始，继承人即取得被继承人的遗产继承权。在继承人为数人且遗产未分割前形成共同继承，各继承人对遗产共同享有所有权，部分继承人一般不得单方处分共有遗产。但在实际生活中，随着被继承人死亡而来的不仅是继承的开始，而且产生了安葬被继承人的义务。在法定继承下，这种义务往往是由继承人来承担的，无论被继承人是否留有遗产。如果根据被继承人生前与各继承人之间的生活抚养（扶养）实际关系，各继承人都负有为安葬被继承人而支付丧葬费的大致均等的义务。如被继承人留有足够的遗产，则应承认遗产占有人有权为安葬被继承人而从其遗产中支付安葬费。本案中陈甲死亡，其遗产按法定继承为其父母陈某、郑某和其子陈某某所继承。继承人郑某同时又是陈甲遗产的实际占有人，其依法应为陈甲遗产的保管人，拥有陈甲遗产继承人之代理人的法律地位，有义务代理其他继承人管理遗产。同时，因陈甲生前与其父母陈某、郑某有相互抚养赡养关系，且对其子陈某某尽了抚养义务，而郑某、陈某、陈某某在陈甲死亡后共同取得了遗产继承权，故应认为他们负有安葬陈甲的大致均等的义务。因此，遗产占有人郑某为安葬陈甲而先行从占有的遗产中支付安葬费，是合理的，并应从遗产中扣除，扣除后剩余的遗产再由各个继承人分割。

其次，郑某为陈某某支付的学费，应由陈某某从其应继承的遗产份额中返还。在本案中，郑某为陈某某支付的学费实际上是从陈甲的遗产中支付的。但郑某并无义务为陈某某支付学费，也不属于遗产占有人为特定事项单方处分共有遗产的例外。此应属于陈某某对其应继承的遗产先行取得的部分，故在遗产分割时应从其应得的部分中予以扣除。

最后，本案的显著特点是，陈某某既是普通法定继承人，又是代位继承人，还是转继承人，三种身份集于一身。一方面，应明确在代位继承中，代位继承人首先取得的是被代位继承人继承被继承人遗产的继承期待权，从而取得代位身份，在被继承人死亡后，方取得对被继承人遗产的继承既得权。如果继承中继承人已经获得了继承既得权，则他（她）的继承人就只能是普通继承或转继承。本案中陈甲先于其父陈某死亡，陈某某在依普通继承取得对陈甲遗产的继承既得权的同时，还获得代位继承人身份，代表享有陈甲生前对陈某遗产的继承期待权，此期待权在陈某死后转化为继承既得权。另一方面，由于陈某在陈甲死后遗产分割前死亡，其遗产应由其继承人郑某、陈乙、陈丙和代位继承人陈某某转继承。关于陈某遗产的范围，在本案中应为其生前与郑某分别获得的对陈甲遗产的继承既得权之和的一半，而不是其生前单方从陈甲处所获得的继承既得权的一半。从整个继承过程来看，继承对陈某某可以分为两部分：其一是对陈甲遗产的普通继承；其二是对陈某遗产的代位继承和转继承，而代位继承和转继承在本案中是巧合的。

综上，陈某在陈甲死后遗产分割前死亡，其遗产应由其继承人郑某、陈甲、陈乙、陈丙继承。陈甲先于其父死亡，其所继承的部分由其晚辈直系亲属即陈某某代位继承。陈某的遗产的范围应为其生前与郑某分别获得的对陈甲遗产的继承既得权之和的一半，而不是其生前单方从陈甲处所获得的继承既得权的一半。各继承人均为第一顺序继承人，应按同等份额继承。

【法条指引】

中华人民共和国民法典

第一千一百二十八条　被继承人的子女先于被继承人死亡的，由被继承人的子女的直系晚辈血亲代位继承。

被继承人的兄弟姐妹先于被继承人死亡的，由被继承人的兄弟姐妹的子女代位继承。

代位继承人一般只能继承被代位继承人有权继承的遗产份额。

第一千一百五十二条　继承开始后，继承人于遗产分割前死亡，并没有放弃继承的，该继承人应当继承的遗产转给其继承人，但是遗嘱另有安排的除外。

33. 被继承人未明确表示赠与的财产，应否作为遗产继承？

【维权要点】

现实生活中，被继承人给自己晚辈亲属结婚、买房、生子的财物，一般应当认定为赠与，除非被继承人明确表示是一种借贷行为。被继承人已赠与出去的财产不属于遗产，不能适用继承。

【典型案例】

吴某有两个儿子吴甲、吴乙，妻子于2005年去世。儿子先后成家立业后，吴某独自一人生活。2008年，吴甲的儿子结婚，吴某从个人积蓄中拿出1万元，作为孙子的结婚费用。2010年，吴某将一部分存款（2.8万元）以次子吴乙的名义存入银行，但存折和密码均由吴某自己掌握。除此之外，吴某在银行还有自己户头上的2万元存款。2021年12月，吴某因病去世，未立遗嘱。吴某的两个儿子因继承遗产问题发生争议。由于双方不能达成一致意见，吴甲向人民法院提起诉讼。

【法官讲法】

本案中，吴某在死亡时没有留下遗嘱，其遗产应当依照法定继承进行分割。吴某给吴甲的儿子结婚用的1万元不能作为遗产加以继承。根据我国的传统习俗并综合吴某的经济状况，这笔财产应当视为吴某出于对晚辈的关心和爱护，为帮助其顺利结婚和希望吴甲之子在婚后生活美满而赠与的财产。如果将该笔财产作为吴某的遗产，由吴甲和吴甲之子归还后再加以继承，显然违背了老人生前的意愿，辜负了老人的一片爱心。吴某以吴乙的名义存入银行的2.8万元应当作为遗产由兄弟两人继承。该笔遗产虽然是以吴乙的名义存入银行的，但存折和密码均由吴某自己保管。这说明吴某没有将该笔财产赠送给吴乙的意思，应当按照法定继承的顺序和份额，由吴某的第一顺序继承人共同继承。至于吴某以个人名义存入银行的2万元，应作为遗产加以继承。

一般来说，被继承人给自己晚辈亲属结婚、买房、生子的钱和财物，应当认定为赠与，除非被继承人明确表示是一种借贷行为。被继承人以他人名义开户、自己持有存折和密码，因为钱还在自己的掌握中，并没有实际交付，缺少赠与的有效要件，该财产应归属遗产。针对该种情况，一方面，被继承人应当在生前把自己的财产的处理明确化，以防事后因财产继承造成家庭不睦；另一方面，继承人应当本着互谅互让、和睦团结的精神，协商处理继承问题。

【法条指引】

中华人民共和国民法典

第六百五十七条　赠与合同是赠与人将自己的财产无偿给予受赠人，受赠人表示接受赠与的合同。

34. 债务人因害怕还债而自愿放弃继承权，债权人能否行使撤销权？

【维权要点】

继承人可以自愿放弃继承权，但不能危及他人同等重要合法权利的实现。继承人因放弃继承权，致其不能履行法定义务的，放弃继承权的行为无效。债务人由于不想还债而放弃继承权，致使其不能偿付有关债务，侵害了债权人的合法债权，其放弃继承权的行为无效，债权人可以请求人民法院依法撤销其放弃继承的行为。

【典型案例】

2011 年 8 月，赵某向周某借款 5 万元做生意。由于没有看准市场行情，亏损严重，在设法归还了周某 2 万元借款后，余款再也无力偿还。2021 年 11 月，赵某的父亲病故，留下遗产 6 万元。作为子女的赵某放弃继承权，将其父遗产全部归其母所有。周某得知此事后，找到赵某要求其从父亲遗产中拿出 3 万元还债，余款再归其母所有。赵某坚决不同意。周某诉至人民法院，要求撤销赵某放弃继承权的行为，并依法判令其归还欠款。

【法官讲法】

撤销权属于我国民法中的债权保全制度的一种形式，是指债权人对于债务人危害债权实施的行为，向法院请求撤销该行为的权利。我国民法典第 535 条第 1 款规定："因债务人怠于行使其债权或者与该债权有关的从权利，影响债权人的到期债权实现的，债权人可以向人民法院请求以自己的名义代位行使债务人对相对人的权利，但是该权利专属于债务人自身的除外。"撤销权的成立一般应具备两个要件。第一，债务人实施了一定的有害于债权人债权的行为。这是撤销权成立的客观要件。判断这种客观要件，首先，债务人实施了处分其债权或财产权的行为，如果债务人处分的权利不是债权或财产权，则其行为不属于可撤销的行为；其次，债务人的行为已经发生法律效力；最后，债务人的行为将严重危害债权的实现。是否危害债权人债权的标准是债权人的债权能否得到完全的清偿。第二，债务人与第三人明知其行为有损于债权人利益而为之。这是撤销权成立的主观要件。撤销权制度所蕴含的基本价值取向是权利的行使不得逾越权利的本质要求。权利行使固然是私法自治的核心内容，但任何权利的行使都不得违背平等、正当的内在本质，不能损害他人的正当、合法权利，否则便是权利的滥用。

权利滥用是指民事权利主体外表上虽属于行使权利，但在实际上是背离权利本质或超越权利界限的违法行为。法律对此行为予以否认或限制其效力，即为禁止权利滥用原则。该原则旨在平衡当事人利益与社会、国家利益的均衡，其本质在于个人之间，个人与社会、国家之间发生利害矛盾冲突时的利益调和。也就是说，该原则从法律上对权利的正当界限作出了一个合理的说明。权利之行使，不得违反社会公共利益或者以损害他人为主要目的。我国宪法第51条规定："中华人民共和国公民在行使自由和权利的时候，不得损害国家的、社会的、集体的利益和其他公民的合法的自由和权利。"民法典规定，民事主体从事民事活动，应当遵循自愿、公平、诚信原则，不得违反法律，不得违背公序良俗，有利于节约资源、保护生态环境的原则。继承人以放弃方式行使继承权本身并不违背私法自治原则，国家权力不会干涉；但是如果危及他人同等重要的合法权利的实现，就应当受到限制。《最高人民法院关于适用〈中华人民共和国民法典〉继承编的解释（一）》第32条规定："继承人因放弃继承权，致其不能履行法定义务的，放弃继承权的行为无效。"

本案中，赵某在负有债务的情况下放弃继承权，致使其不能偿付有关债务侵害了债权人周某的合法债权，其放弃继承权的行为无效，人民法院应依法撤销赵某放弃继承的行为。

【法条指引】

中华人民共和国民法典

第五百三十五条　因债务人怠于行使其债权或者与该债权有关的从权

利，影响债权人的到期债权实现的，债权人可以向人民法院请求以自己的名义代位行使债务人对相对人的权利，但是该权利专属于债务人自身的除外。

代位权的行使范围以债权人的到期债权为限。债权人行使代位权的必要费用，由债务人负担。

相对人对债务人的抗辩，可以向债权人主张。

最高人民法院关于适用《中华人民共和国民法典》继承编的解释（一）

第三十二条　继承人因放弃继承权，致其不能履行法定义务的，放弃继承权的行为无效。

35. 对无人继承又无人受遗赠的遗产，应当如何处理？

【维权要点】

对于无人继承又无人受遗赠的遗产，首先应当用来支付为丧葬死者所花掉的必要费用，清偿死者生前欠下的债务，给予对死者生前尽过一定照料责任的人以适当补偿。余下的遗产，如果死者生前是集体所有制组织成员的，归他生前所在的集体所有制组织所有；如果死者生前是国有单位成员或城镇无业居民、个体劳动者的，则归国家所有。

【典型案例】

孙某是无儿无女的孤寡老人，平时以拾荒为生，去世后留下 2 万元存款。为此，孙某的侄女、邻居、孙某所在的村委会都来主张孙某财产的继承权。孙某的侄女与孙某素无往来，邻居倒是有时接济、照料孙某。三方争执不下，最终孙某的侄女诉至人民法院。

【法官讲法】

所谓无人继承又无人受遗赠的遗产，是指下列几种情况：（1）被继承人既无法定继承人，又无遗嘱指定的遗嘱继承人或者受遗赠人；（2）被继承人虽然有法定继承人或遗嘱继承人，但是全体继承人都放弃继承，或者全体继承人都丧失了继承权，都没有资格继承被继承人的遗产；（3）被继承人没有法定继承人，只用遗嘱处分了一部分遗产，其余未加处分的那一部分遗产属于无人继承又无人受遗赠的遗产。

对于无人继承又无人受遗赠的遗产，首先应当用来支付为丧葬死者所花掉的必要的费用，清偿死者生前欠下的债务，给予对死者生前尽过一定照料责任的人以适当补偿。余下的遗产，根据我国民法典第 1160 条之规定，如果死者生前是集体所有制组织成员的，归其生前所在的集体所有制组织所有；如果死者生前是国有单位成员或城镇无业居民、个体劳动者的，则归国家所有。

需要说明的是：无人继承又无人受遗赠的遗产，无论是收归国家所有还是收归集体所有，都不是按照继承遗产的程序转移，而是根据我国民事诉讼法有关无主财产的程序转移。关于如何认定无人继承又无人受遗赠的遗产为无主财产的案件，我国民事诉讼法规定了一套完整的程序。

根据我国民事诉讼法的规定，关于认定无人继承又无人受遗赠的遗产的案件，应当由公民、法人或其他组织向遗产所在地基层人民法院提出申请。该人民法院应予受理。无论是法人、其他组织还是公民个人申请认定无人继承又无人受遗赠的遗产为无主财产，都应当提出书面申请书，在申请书上应写明财产的种类、数量以及要求认定无人继承又无人受遗赠的遗产为无主财产的根据。

人民法院对无人继承又无人受遗赠的遗产的认定申请，经审查核实，公布认领公告。公告满 1 年后无人要求继承和接受遗赠的，即判决认定该项遗产为无主财产。根据我国民法典的规定，该项无人继承又无人受遗赠的遗产，收归国家或者集体所有。但是，必须明确，认定遗产为无主财产，这只是法律上推定该项遗产没有继承人又没有受赠人。因此，这种推定有可能与事实不符，也就是说，在事实上有可能有继承人或者有受遗赠人。如果在判决认定该项财产为无人继承又无人受遗赠的遗产后，合法继承人或受遗赠人出现，而且在民法典规定的诉讼时效内对该项遗产提出请求的，经人民法院审查属实，应当作出新判决，撤销原判决，将该项遗产判归合法继承人或者受赠人所有。

具体到本案，孙某生前未立任何遗嘱，孙某的侄女虽是他的亲侄女，但她不是法定继承人，也未对孙某履行过任何赡养义务，因此无权获得孙某的遗产；邻居也不是法定继承人，但鉴于她对孙某进行过接济帮助，可视为对孙某扶养较多的人，可以按照民法典第1131条“继承人以外的对被继承人扶养较多的人，可以分给适当的遗产”的规定适当分配给其一定遗产。

【法条指引】

中华人民共和国民法典

第一千一百三十一条　对继承人以外的依靠被继承人扶养的人，或者继承人以外的对被继承人扶养较多的人，可以分给适当的遗产。

第一千一百六十条　无人继承又无人受遗赠的遗产，归国家所有，用于公益事业；死者生前是集体所有制组织成员的，归所在集体所有制组织所有。

最高人民法院关于适用《中华人民共和国民法典》继承编的解释（一）

第四十一条　遗产因无人继承又无人受遗赠归国家或者集体所有制组织所有时，按照民法典第一千一百三十一条规定可以分给适当遗产的人提出取得遗产的诉讼请求，人民法院应当视情况适当分给遗产。

36. 享受过社会救济的城镇居民死亡后，是否应当从其遗产中扣除救济费？

【维权要点】

对城市居民实行社会救济，是国家的一项社会福利措施，由国家财政支出。享受过社会救济的城市居民死亡后，不应从遗产中扣除死者生前已领取的救济费。

【典型案例】

1980年6月，大芳在她丈夫死后，因生活困难，携带儿子和女儿到某市投靠妹妹小芳生活。因妹妹家生活也不宽裕，大芳就参加当地街道办事处所属的生产自救组劳动，靠砸石角维持生活。1982年，大芳儿子外出做临时工；1986年，大芳女儿出嫁到外县农村。他们偶尔寄给她几十元钱，或者携带少量衣物、食品回家探望母亲。1995年，大芳因为年老多病，并且有轻度间歇性精神分裂症，退出了生产自救组。因生活困难，街道办事处一次性发给她补助金600元。街道办事处每月还发给她生活救济费50元。2021年10月29日，大芳病死。邻居从她的衣箱中发现两个各4000元的储蓄存折，存户姓名分别为大芳和小芳。据居民委员会主任反映，大芳生前曾对他说过她存有一些钱，她死后除安葬费外，分给妹妹小芳和她的子女，但未说出具体数额和其他内容。街道办事处知道大芳有两个存折后，将其全部拿走，认为大芳生前是救济户，遗产应当归街道办事处所有。而大芳的儿女却不同意，他们将母亲安葬后，就向街道办事处索要其母亲的两个存折。街道办事处不还，于是大芳的儿女向人民法院起诉，要求继承其母亲的遗产。

【法官讲法】

对城市居民实行社会救济，是国家的一项社会福利措施，由国家财政支出，它不同于农村实行的“五保”制度。享受过社会救济的城市居民死亡后，其遗产一般可以由其法定继承人继承，不应从遗产中扣除死者生前已领取的救济费。因此，大芳的两个存折都属于可继承的遗产。

按照民法典第1138条的规定：“遗嘱人在危急情况下，可以立口头遗嘱。口头遗嘱应当有两个以上见证人在场见证。危急情况消除后，遗嘱人能够以书面或者录音录像形式立遗嘱的，所立的口头遗嘱无效。”本案中，居民委员会所反映的大芳的“口头遗嘱”不是大芳在危急情况下讲的，见证人只有居民委员会主任一个人。这一“口头遗嘱”不符合法律规定，因此应属无效。虽然其中一个存折的存户确系小芳的名字，但由于此“口头遗嘱”无效，故这一存折不能归小芳所有。为此，本案被继承人的遗产，应由大芳的第一顺序继承人——子女继承。

小芳对姐姐大芳生前有过帮助和照顾，根据我国民法典第1131条的规定，继承人以外的对继承人扶养较多的人，可以分给他们适当遗产。所以应当分给小芳适当的遗产。

【法条指引】

中华人民共和国民法典

第一千一百三十一条 对继承人以外的依靠被继承人扶养的人，或者继承人以外的对被继承人扶养较多的人，可以分给适当的遗产。

37. 公民因医疗事故死亡，所得赔偿金应当如何分割？

【维权要点】

死亡赔偿金是对死亡受害人近亲属的赔偿，是专属死者近亲属的财产，而不是死者的财产，即不能作为死者的遗产。

【典型案例】

张先生因医疗事故死亡。医院与张先生的父母、妻儿达成协议，赔偿他们20万元。后医院将20万元赔偿金以张先生母亲的名义存入银行。张先生的妻儿获悉后，要求分割该款项。张先生的父母不同意。于是，张先生的妻儿诉至人民法院，要求对20万元赔偿金进行析产、确权。张先生的父母在处理张先生医疗事故和丧葬活动中给付了一定的费用。张先生的儿子尚未成年，需要抚养。

【法官讲法】

本案中，医院的赔偿金应由张先生的父母、妻儿按份共有。按份共有，也称分别共有，是指两个或两个以上的共有人对同一项财产按照确定的各自享有的份额，享有权利并承担义务的一种共有关系。在按份共有中，各共有人对共有物享有不同的份额。医院与张先生的父母、妻儿因医疗事故，自愿签订了医疗事故补偿协议，是双方真实意思表示，应为有效协议。基于该协议，张先生的父母、妻儿取得了20万元的共有财产。对这20万元共有财产，张先生的父母、妻儿应当各自享有一定的份额。但协议内容没有对赔偿金进行细化，明确每个人应享有的份额。

一般情况下，在按份共有关系中，份额不明确则推定各共有人持有均等份额。但在本案中，若一味强调各共有人持有均等份额显失公平，张先生的父母在处理张先生医疗事故和丧葬活动中支付了一定的费用，对其中的合理支出，应从赔偿金中扣除。张先生的儿子是需要抚养照顾的未成年人，在确定4人份额之前应先行保留他的必要抚养费。所以，赔偿金的分配，应在扣除张先生父母支付的合理费用和张先生儿子的必要抚养费后，将剩余赔偿金视为死者家属的精神损害抚慰金平均予以分配。

【法条指引】

中华人民共和国民法典

第一千一百二十二条 遗产是自然人死亡时遗留的个人合法财产。

依照法律规定或者根据其性质不得继承的遗产，不得继承。

38. 子女与父母共同居住和翻建房屋，在父母死后如何处理？

【维权要点】

子女与父母共同居住和翻建的房屋属于家庭共同共有财产，这种家庭共同财产的共有关系因父母的死亡而部分消灭。在父母死亡后，家庭共同财产中归父母所有的份额应当分出，由其继承人继承。继承的财产是继续保留在家庭共同财产的范围内，还是依法分割，由继承人自行决定。

【典型案例】

张甲与张乙是同胞兄弟。张甲于2002年结婚；张乙于2003年结婚。婚后，两家人与张甲、张乙的父母共同居住，没有分家析产。由于兄弟二人都非常孝敬父母，共同尽赡养义务，并将各自的收入交父母保管，需要时从父母处支取。一家人共同劳动，共同生活，关系十分融洽。2010年，张甲和张乙与父母一起对老房进行了翻建。翻建后的房屋共7间，正房3间由父母居住。东、西厢房各2间分别由张甲和张乙两家人居住。全家人一如既往地共同生活。2021年，老人先后去世。张甲和张乙的母亲去世时立下遗嘱，将其居住的正房3间中的2间留给小儿子张乙，1间留给大儿子张甲。张母死后，兄弟二人因房产问题发生争执。张甲主张，父母遗留的3间房产属于家庭共同财产，应当由兄弟二人共同继承，继承份额应当均等。张乙主张，该3间房产应当按张母的遗嘱分割。经协商未果，双方诉至人民法院。

【法官讲法】

家庭共同财产，是指全体或部分家庭成员在家庭共同生活期间，对共同所得和各自所得的财产约定为共同所有的共有财产。家庭共同财产为共同共有财产。在家庭共有财产关系存续期间，各共有人不分份额，共同享有财产的所有权。不到共同共有关系终止时，共有财产不得分割。[1] 家庭共同财产的形成需要具备以下两个条件：（1）家庭共同生活关系的存在。家庭共同生活关系，是指家庭成员共同在一起为生存和发展进行各种活动的关系。家庭共同生活的基本标志是共居。共居的家庭成员主要是近亲属，包括父母、子女、祖父母、外祖父母、孙子女、外孙子女和兄弟姐妹。其他亲属如果在家庭中长期共同生活、共同劳动，也应当视为家庭成员。（2）家庭成员之间可实行家庭财产共同共有的约定。约定可以是口头的，也可以是书面的；可以是明示的，也可以是默示的。本案中，张甲和张乙在成家后未进行分家析产，与其父母共同生活、共同劳动，收入交给父母，需要时从父母处支取，应当视为以默示的方式达成实行家庭财产共同共有的约定。当事人的财产为家庭共同财产，归家庭成员共同共有。

家庭共同财产的权利主体是对家庭共同财产有所贡献并愿意实行家庭财产共有的人。对家庭财产没有贡献的人不能成为家庭共同财产的权利主体，如没有劳动能力的未成年子女和没有参加家庭共同劳动，也没有财产或未将其所有的财产纳入家庭共同财产中的其他家庭成员。夫妻是家庭共同财产关系中最基本的单位。由于夫妻财产是共同共有关系，所以夫妻可以视为家庭共同财产中的同一权利主体。本案中，家庭共同财产的权利主体有三个：张甲夫妇、张乙夫妇和张父、张母。

家庭共同财产的共有人对家庭共同财产有以下权利和义务。

共有人对家庭共同财产的权利包括：（1）平等的所有权。（2）平等处理权。在对家庭共同财产进行重大处分时，如变卖家庭共同财产等，应经全体共有人同意；由于日常生活的需要，对家庭共同财产进行一般的处分时，如果该处分不会导致家庭共同财产发生重大变化，全体共有人都享有平等的独立处分的权利。（3）推举权和代表权。全体共有人可以推举一人或数人作为全体共有人的代表。代表人在家庭共有关系的范围内代表全体共有人管理共有财产，进行民事活动，处理日常事务。（4）物上追及权。在家庭共同财产遭受不法侵害时，各共有人均有停止侵害、排除妨害、返

---

〔1〕 王利明主编：《中国民法案例与学理研究·侵权行为篇、亲属继承篇》，法律出版社1998年版，第353页、第354—359页。

还原物、赔偿损失的独立请求权。

共有人对家庭共同财产承担以下义务：(1) 履行约定的义务，即家庭共同财产的共有人按照约定将自己的收入纳入家庭共同财产，参加家庭共同劳动。违背该义务，将依约定应当纳入家庭共同财产的收入归自己所有，不参加家庭共同劳动的，丧失共有人资格，无权从家庭共同财产中支取费用，也无权要求分割家庭共同财产。(2) 对家庭共同财产进行维修、保管和改良的义务。(3) 连带清偿义务。为家庭共同生活和生产经营所欠的债务，为家庭共同债务，各共有人均有连带清偿义务。(4) 共同赔偿义务。因共有财产致他人损害时或因共有人的侵权行为致他人损害时，应当以家庭共同财产进行赔偿。(5) 保持共有关系的义务。在家庭共同财产关系存续期间，任何共有人都无权要求分割共有财产。本案中，张甲和张乙夫妇及张父、张母在共同生活期间，共同劳动，所得收入纳入家庭共同财产，并共同对老房进行翻建，履行了共有人的义务，依法应当享有共有人上述权利，包括对共有财产的平等的所有权和处分权等。

家庭共同财产依以下事实而终止：(1) 依约定而终止。家庭成员可在实行家庭财产共有时，约定共有关系存续的期限，期限届满时，家庭共同财产的共有关系终止；没有约定家庭共同财产的存续期限的，共有人可以随时约定终止家庭共同财产的共有关系。(2) 因共有人分出而终止。最常见的就是家庭成员成家后的分家析产。共有关系因分家析产而终止。个别共有人分出后，其他共有人为两人以上的，共有关系可以继续存续。共有人仅余一人的，共有关系完全消灭。(3) 因家庭共同财产的共有人死亡而终止。个别共有人死亡后，其他共有人为两人以上的，共有关系可以继续存续。共有人仅余一人的，共有关系完全消灭。共有人死亡后，家庭共同财产中应当归其所有的份额由其继承人继承。继承人可以将继承的财产保留在家庭共同财产的范围内，成为新的家庭共同财产共有人；也可以要求将该财产从家庭共同财产中分割出来，独立地享有所有权。[1]

本案中，家庭共同财产的共有关系因张父和张母的死亡而部分消灭。家庭共同财产中归张父和张母所有的份额应当分出，由其继承人继承。继

---

〔1〕 王利明主编：《中国民法案例与学理研究·侵权行为篇、亲属继承篇》，法律出版社 1998 年版，第 353 页、第 354—359 页。

承的财产是继续保留在家庭共同财产的范围内，还是依法分割，由张甲和张乙自行决定。家庭共同财产的共有人对家庭共同财产享有平等的所有权。张母作为共有人只能通过遗嘱处分家庭共同财产中归其所有的份额。张母将其居住的3间房产全部以遗嘱进行处分，超出了其有权处分的份额，超出部分的处分行为无效。所以，对张父和张母遗留的财产份额，原则上应是7间房产的三分之一，按照遗嘱确定的比例进行分割。两人愿将继承的房产保留在家庭共同财产中的，依其约定；要求分割遗产的，本着不损害财产价值和方便使用的原则，可由张乙继承正房中的2间、多得的份额应当由张乙作价补偿给张甲。

【法条指引】

中华人民共和国民法典

第一千一百五十三条　夫妻共同所有的财产，除有约定的外，遗产分割时，应当先将共同所有的财产的一半分出为配偶所有，其余的为被继承人的遗产。

遗产在家庭共有财产之中的，遗产分割时，应当先分出他人的财产。

39. 经公证签订赠与合同的房屋，赠与人是否有权要求受赠人搬出房子？

【维权要点】

赠与人与受赠人双方订立赠与合同后，赠与人撤销赠与的权利分为两种：一是在赠与财产的权利转移之前不需要任何理由即可撤销赠与，但具有救灾、扶贫等社会公益、道德义务性质的赠与合同或者经过公证的赠与合同除外。二是当出现下列法定事由之一时，赠与人可以撤销赠与：受赠人严重侵害赠与人或者赠与人的近亲属；受赠人对赠与人有扶养义务而不履行；受赠人不履行赠与合同约定的义务。

【典型案例】

原告韩某（76岁）与翁某（70岁）婚后无子女。2014年11月25日，为了老有所养，两原告与侄孙女小韩订立了一份赠与合同，并经公证处公证。双方约定："赠与人韩某、翁某将坐落在某小区的住房赠与侄孙女小韩所有，该房产依法办理过户后，赠与人仍然有权居住直至去世为止。在此期间，受赠人无权干预赠与人的居住权"。后双方办理房屋产权过户手续。2017 年，小韩搬入与两原告共同居住。2018 年 10 月，小韩生孩子后，因生活事务，经常与两原告发生矛盾，两原告遂于 2019 年 12 月向人民法院起诉要求被告搬出居住，经法院调解后息诉。2020 年 6 月开始，双方再次发生矛盾，发展到无人交纳水、电、气费用，以致被停电停气。老两口遂再次起诉，要求撤销与小韩之间的赠与合同，让小韩搬出此房。

【法官讲法】

首先，关于原告是否享有赠与合同解除权。根据民法典相关规定，赠与合同是赠与人将自己的财产无偿给予受赠人，受赠人表示接受赠与的合同。考虑到赠与的无偿性，民法典赋予了赠与人撤销权。赠与的撤销包括任意撤销与法定撤销。任意撤销，是指赠与人在赠与财产的权利转移之前可以任意撤销赠与，除非赠与合同具有救灾、扶贫等社会公益、道德义务性质或者经过公证。法定撤销，是指赠与合同成立后甚至在赠与合同已经一部分或者全部履行之后，在具备法律规定的情形时，撤销权人可以撤销赠与。法定撤销主要有三种情形：（1）受赠人严重侵害赠与人或者赠与人的近亲属。受赠人实施的侵害行为必须是达到严重的程度，如受赠人本人或指使他人故意谋杀、伤害赠与人或其近亲属，或者故意侮辱、诽谤赠与人或其近亲属，不包含轻微的、一般的侵害行为。（2）受赠人对赠与人有扶养义务而不履行。（3）受赠人不履行赠与合同约定的义务。本案中，原告、被告双方的赠与合同经过了公证，并已办理房屋产权过户手续，赠与财产的权利已经转移，该赠与合同无法任意撤销。双方在生活中存在口角，只是一般矛盾，尚未构成严重的程度，也不符合赠与合同的法定撤销条件。因此，原告不享有赠与合同撤销权。

其次，关于作为房屋所有权人的被告是否应搬出该房屋。本案中，原、被告双方居住在一起经常发生矛盾，经有关部门多次调解，又经历了一次诉讼，现在矛盾比较激烈，双方已无法共同生活、共居一处。鉴于二原告均系高龄老人，应当对处于相对弱势地位的老年人进行特殊保护。涉案房屋系二原告所赠，若让被告居住此房、而二原告无处居住，则有失公允。原、被告双方在赠与合同中明确约定房屋过户后二原告仍享有居住权，且被告无权干预，可以理解为，双方在合同中对被告行使所有权作出了一定限制。因此，法院应该判决让作为所有权人的被告小韩搬出房屋较为妥当。

【法条指引】

中华人民共和国民法典

第六百五十七条 赠与合同是赠与人将自己的财产无偿给予受赠人，受赠人表示接受赠与的合同。

第六百五十八条 赠与人在赠与财产的权利转移之前可以撤销赠与。

经过公证的赠与合同或者依法不得撤销的具有救灾、扶贫、助残等公益、道德义务性质的赠与合同，不适用前款规定。

第六百五十九条 赠与的财产依法需要办理登记或者其他手续的，应当办理有关手续。

第六百六十三条 受赠人有下列情形之一的，赠与人可以撤销赠与：

（一）严重侵害赠与人或者赠与人近亲属的合法权益；

（二）对赠与人有扶养义务而不履行；

（三）不履行赠与合同约定的义务。

赠与人的撤销权，自知道或者应当知道撤销事由之日起一年内行使。

40. 婚前丈夫与他人签订赡养协议，丈夫死后妻子是否继续履行？

【维权要点】

继承遗产时应当清偿被继承人依法应当缴纳的税款和债务，缴纳税款和清偿债务以他的遗产实际价值为限。妻子作为丈夫的法定继承人，应当在继承遗产范围内履行丈夫生前对他人的赡养义务。

【典型案例】

原告潘某、孙某系夫妻，杨某系被告牛某丈夫。2007 年 8 月，二原告之子在帮杨某干活时不幸发生意外身亡。同年 9 月 26 日，二原告与杨某签订协议，约定“今后由杨某负责二原告生活、医药等各方面负担”。2010年，杨某与牛某结婚。多年来，原、被告两家关系尚可，杨某时常帮二原告干些农活。2020年春节期间，杨某在深圳打工时发生意外事故死亡，牛某获赔儿女抚养费、家属及子女精神补偿费、安葬费、安家费等共计40万元。杨某家中留有6间房屋，该房屋及40万元均由牛某及孩子所有。二原告在赡养协议无法继续履行情况下，向被告提出赔偿事宜，要求被告支付养老费用1.5万元。因协商未果，故向人民法院提起诉讼。

【法官讲法】

合同是平等主体的自然人、法人、其他组织之间设立、变更、终止民事权利义务关系的协议。本案中的赡养合同来源于杨某的赔偿责任，该合同符合法律规定，合法有效，鉴于合同一方当事人死亡，就产生了合同权利义务是否终止的问题。民法典第557条规定：“有下列情形之一的，债权债务终止：（一）债务已经履行；（二）债务相互抵销；（三）债务人依法将标的物提存；（四）债权人免除债务；（五）债权债务同归于一人；（六）法律规定或者当事人约定终止的其他情形。合同解除的，该合同的权利义务关系终止。”本案的合同义务人杨某死亡，合同自然终止履行，属于法律规定或者当事人约定终止的其他情形。杨某意外死亡后，牛某获得了各项赔偿40万元，而且继承了6间房屋的遗产，依照民法权利与义务相一致原则，按照民法典第1161条的规定：“继承人以所得遗产实际价值为限清偿被继承人依法应当缴纳的税款和债务。超过遗产实际价值部分，继承人自愿偿还的不在此限。继承人放弃继承的，对被继承人依法应当缴纳的税款和债务可以不负清偿责任。”由此可见，我国对被继承人遗留的债务，在继承人是否承担清偿责任的问题上，采取的是权利和义务相一致的原则，即继承人在继承被继承人遗产的同时，也应当负责清偿被继承人遗留的债务；如果继承人放弃继承权，对被继承人遗留的债务可以不负清偿之责。在继承人如何清偿的问题上，采取的是有限责任原则，即继承人清偿被继承人遗留的债务以被继承人遗产的实际价值为限，超过被继承人遗产价值部分，除非继承人自愿偿还，否则可以不负清偿责任。

本案中，被告牛某作为杨某的法定继承人，应当在继承遗产范围内履行杨某生前对二原告应尽的义务。

【法条指引】

中华人民共和国民法典

第一千一百六十一条　继承人以所得遗产实际价值为限清偿被继承人依法应当缴纳的税款和债务。超过遗产实际价值部分，继承人自愿偿还的不在此限。

继承人放弃继承的，对被继承人依法应当缴纳的税款和债务可以不负清偿责任。

第一千一百六十三条　既有法定继承又有遗嘱继承、遗赠的，由法定继承人清偿被继承人依法应当缴纳的税款和债务；超过法定继承遗产实际价值部分，由遗嘱继承人和受遗赠人按比例以所得遗产清偿。

第三章　老年人社会权益保护

1. 为多要赔偿，谎称老人为逝者祖母，是否侵犯老人姓名权？

【维权要点】

我国法律规定，公民享有姓名权，有权决定、使用和依照规定改变自己的姓名，禁止他人干涉盗用、假冒。当事人为多要赔偿，谎称老人为逝者祖母，侵犯了老人的姓名权，应当停止侵害、消除影响、赔礼道歉，并赔偿损失。

【典型案例】

洪某已年近80岁，居住在一个较贫困的山村内。村内的很多年轻人都在外打工，借以维持全家的生活。一日，同村邱某之子邱某某在广东一家建筑公司打工时被倒塌的脚手架压死，邱某一家悲痛万分，委托村委会主任郭某处理索赔及善后事宜。为了多要点赔偿，郭某与邱某商量后决定把同村洪某的名字当成邱某某的祖母报给建筑公司，并在随身带的盖有村委会和派出所公章的空白证明信上写明如下内容：洪某系邱某某之祖母，患有严重的心脏病，丧失劳动能力，靠邱某某打工赡养。据此，建筑公司赔偿邱某一家人民币25万余元，其中包括洪某的赡养费1万元。此后不久，洪某得知此事，认为证明书上说自己得了心脏病十分晦气，一纸诉状将郭某和邱某告上法庭，以二被告歪曲事实，给其精神造成极大精神压力为由，要求法院判令二被告停止侵权、赔礼道歉，并赔偿精神损失费3000元。

【法官讲法】

姓名是用以确定和代表个体公民并与其他公民相区别的文字符号和标记，是公民姓名权的客体。我国民法典规定："自然人享有姓名权，有权依法决定、使用、变更或者许可他人使用自己的姓名，但是不得违背公序良俗。”“人格权受到侵害的，受害人有权依照本法和其他法律的规定请求行为人承担民事责任。受害人的停止侵害、排除妨碍、消除危险、消除影响、恢复名誉、赔礼道歉请求权，不适用诉讼时效的规定。”

姓名权为公民的具体人格权，受法律保护。它的具体内容包括：（1）自我命名权，即决定自己姓名的权利；（2）姓名使用权，即对自己姓名的专有使用权，是公民姓名权的主要内容；（3）姓名变更权，即按照法律规定改变自己姓名的权利。对上述任何一项权利的侵犯都构成侵犯公民姓名权。侵犯姓名权的行为可以具体划分为以下几种：

1. 不使用他人姓名的行为，即应当使用他人姓名而不予使用，包括该标明不标明、应称呼而不称呼，不称呼他人姓名而代之以谐音等。

2. 涉公民行使姓名权的行为，即对公民行使姓名权的命名权、使用权、姓名变更权的无理干预，阻碍公民对其姓名权的使用。

3. 姓名的故意混同行为，即并非使用姓名权人的姓名，而是使用可能与姓名权人的姓名混同的姓名，造成与使用姓名权人的姓名有同样效果的事实。

4. 非法使用他人姓名的行为，包括盗用他人姓名与假冒他人姓名。盗用他人姓名表现为未经本人授权，擅自以该人的名义进行民事活动或从事不利于姓名权人、不利于公共利益的行为。假冒他人姓名是冒名顶替，使用他人姓名并冒充该人参加民事活动或其他行为。

构成侵犯公民姓名权的民事责任，要具备四个构成要件：（1）主观上为故意；（2）客观上有侵犯姓名权的违法行为（可分为作为与不作为两种）；（3）有损害事实；（4）违法行为与损害事实之间有因果关系。

从上述分析中我们可以得出，郭某与邱某的行为符合侵犯姓名权的四个构成要件，已侵犯了洪某的姓名权，属于盗用他人姓名的行为。《最高人民法院关于确定民事侵权精神损害赔偿责任若干问题的解释》第1条规定：“因人身权益或者具有人身意义的特定物受到侵害，自然人或者其近亲属向人民法院提起诉讼请求精神损害赔偿的，人民法院应当依法予以受理。”本案中，二被告应向原告赔礼道歉，并给付原告一定的精神抚慰金。

【法条指引】

中华人民共和国民法典

第九百九十五条 人格权受到侵害的，受害人有权依照本法和其他法律的规定请求行为人承担民事责任。受害人的停止侵害、排除妨碍、消除危险、消除影响、恢复名誉、赔礼道歉请求权，不适用诉讼时效的规定。

第一千零一十二条 自然人享有姓名权，有权依法决定、使用、变更或者许可他人使用自己的姓名，但是不得违背公序良俗。

最高人民法院关于确定民事侵权精神损害赔偿责任若干问题的解释

第一条 因人身权益或者具有人身意义的特定物受到侵害，自然人或者其近亲属向人民法院提起诉讼请求精神损害赔偿的，人民法院应当依法予以受理。

2. 邻居尽兴玩乐影响老人生活，应当如何处理？

【维权要点】

根据我国法律规定，使用家用电器、乐器或者进行其他家庭室内娱乐活动时，应当控制音量或者采取其他有效措施，避免对周围居民造成环境噪声污染。老人不堪邻居的噪声侵害，有权要求加害人排除危害，依法赔偿损失，包括精神损害赔偿。

【典型案例】

胡某夫妇俩退休后居住在公寓，最近他们家楼上新搬来一户邻居，几乎每天都邀请很多人到家里唱卡拉 OK，声音开得很大，还有人蹦蹦跳跳，经常闹到第二天凌晨。由于胡某夫妇都年近 65 岁，身体不好，邻居的活动严重干扰了他们的正常生活。虽然胡某多次找到邻居提意见，但邻居却置之不理，认为唱歌跳舞是他们的爱好，别人无权干涉。为此双方还发生了争执。由于长时间休息不好，胡某心脏病发作住进了医院。无奈之下，胡某夫妇将楼上的邻居诉至人民法院，要求停止侵害，并赔偿由此造成的损失。经鉴定，胡某邻居的音响音量已超过国家规定的环境噪声排放标准。

【法官讲法】

在社会生活中，任何人在享受依法规定的权利的同时，都不应该对他人造成损害，更不能把自己的享受建立在他人受损害的基础上。我国民法典第1229条规定："因污染环境、破坏生态造成他人损害的，侵权人应当承担侵权责任。"由此可以看出，胡某邻居的行为已构成对胡某合法权益的直接侵害，是违反法律规定的。这里所指的民事责任，是指环境污染损害赔偿责任，即污染环境造成他人财产、人身损害时，污染者应当承担的民事责任。包括停止侵害、赔偿损失等。一方当事人承担环境污染损害赔偿责任需要符合以下四个条件：(1) 须有污染环境的行为；(2) 须有环境污染损害结果；(3) 污染环境的行为与污染损害结果间须有因果关系；(4) 须责任人没有免责事由，即责任者没有法律规定可以免除责任的事实和理由。按照上述四个条件加以判断，本案中胡某的邻居超过国家标准排放噪声，对胡某夫妇的生活造成了影响，且致使胡某心脏病发作入院治疗，已对胡某夫妇的合法权益造成了损害。

邻里之间应正确妥善处理利益冲突，相互之间应多从他人角度出发考虑问题，避免矛盾，才可使邻里之间和睦相处。本案中，胡某多次找到邻居提意见，但邻居却置之不理，认为唱歌跳舞是他们的爱好，别人无权干涉。在这种情况下，法院应当依法判决胡某的邻居承担民事责任，停止侵害行为，并赔偿胡某因此造成的损失。

【法条指引】

最高人民法院关于确定民事侵权精神损害赔偿责任若干问题的解释

第一条　因人身权益或者具有人身意义的特定物受到侵害，自然人或者其近亲属向人民法院提起诉讼请求精神损害赔偿的，人民法院应当依法予以受理。

第四条　法人或者非法人组织以名誉权、荣誉权、名称权遭受侵害为由，向人民法院起诉请求精神损害赔偿的，人民法院不予支持。

第五条　精神损害的赔偿数额根据以下因素确定：

(一) 侵权人的过错程度，但是法律另有规定的除外；

（二）侵害行为的目的、方式、场合等具体情节；
（三）侵权行为所造成的后果；
（四）侵权人的获利情况；
（五）侵权人承担责任的经济能力；
（六）受理诉讼法院所在地的平均生活水平。

3. 急救车发生故障致使病人因延误抢救时间而死亡，急救中心是否应承担责任？

【维权要点】

急救中心与病人之间属于服务合同关系，任何一方违反合同，都要承担相应的法律责任。在合同履行过程中，急救中心疏于管理，致使车辆施救途中发生故障，导致病人因不能获得及时救治而死亡，应承担相应的违约责任，赔偿原告由此造成的部分损失。但有关受害人对损害的发生也有过错的，可以减轻侵害人的民事责任，原告也应承担相应的责任。

【典型案例】

赵某年近80岁，身体一直不好，患有脂肪肝、高血压、心脏病等多种疾病，平日总随身携带相关药品。一日，赵某与家人到郊区吃野味，因饮酒过多心脏病发作。家人没有给其服用随身携带的药物，也未就近治疗，而是拨打了“120”电话。急救中心接到电话后立即安排车辆赶往郊区，不承想车辆半路抛锚，排除故障花费了1个小时，加之急救车司机是新手，找不到地点，致使赵某被送到医院时已没有了生命迹象。赵某的家属悲痛之余，认定系急救中心救护车送医不及时所致，与急救中心发生纠纷。由于双方争执不下，赵某妻子和儿女将急救中心告上法庭，要求法院判令被告赔偿原告损失。

【法官讲法】

我国民法典规定，当事人订立合同，可以采取要约、承诺方式。要约是希望和他人订立合同的意思表示。承诺是受要约人同意要约的意思表示。承诺生效时合同成立。当事人一方不履行合同义务或者履行合同义务不符合约定的，在履行义务或者采取补救措施后，对方还有其他损失的，应当赔偿损失。

要约、承诺是合同成立的基本规则，也是合同成立必须经过的意思表示的两个阶段。如果一方当事人向对方提出一项要约，而对方对该要约表示承诺，在双方当事人之间就成立一个具有法律约束力的合同。本案中，赵某的亲友发现赵某心脏病发作后，即拨打了“120”电话，而“120”急救中心同意前往救护，因为“120”不是无偿服务，故在被告与原告之间形成了一种服务合同关系。拨打“120”求救为要约，被告同意前往救护为承诺，通过这种方式原告与被告之间形成了具有法律约束力的服务合同，任何一方违反合同，都要承担相应的法律责任。合同成立后，被告应依约履行及时的救护义务，必须在合理的时间内赶至现场，对病患进行符合医疗规范的现场处理，交通堵塞、车辆故障、人员病事假等均不得作为延缓或中止救护的借口。本案中，被告疏于管理，未能使救护车辆处于最佳工作状态，致使车辆施救途中抛锚，又聘用对交通状况不熟悉的驾驶人员，进一步延误了时间，是导致赵某不能获得及时救治而死亡的原因之一，被告的行为已构成违约，应承担相应的违约责任，赔偿原告由此造成的部分损失。

另外，本案中赵某明知自己患有心脏病的情况下不加自律，大量饮酒，致使心脏病发作，其亲友在病发现场处置不当，也是赵某死亡的原因之一。依据民法典第1173条中有关受害人对损害的发生也有过错的，可以减轻侵害人的民事责任的规定，原告也应承担相应的责任。

【法条指引】

中华人民共和国民法典

第四百七十一条　当事人订立合同，可以采取要约、承诺方式或者其他方式。

第四百七十二条　要约是希望与他人订立合同的意思表示，该意思表示应当符合下列条件：

（一）内容具体确定；

（二）表明经受要约人承诺，要约人即受该意思表示约束。

第四百七十九条　承诺是受要约人同意要约的意思表示。

第四百八十三条　承诺生效时合同成立，但是法律另有规定或者当事人另有约定的除外。

第五百八十三条 当事人一方不履行合同义务或者履行合同义务不符合约定的，在履行义务或者采取补救措施后，对方还有其他损失的，应当赔偿损失。

第五百九十二条 当事人都违反合同的，应当各自承担相应的责任。

当事人一方违约造成对方损失，对方对损失的发生有过错的，可以减少相应的损失赔偿额。

第一千一百七十三条 被侵权人对同一损害的发生或者扩大有过错的，可以减轻侵权人的责任。

4. 老人享受免票待遇乘车时受伤，公交公司应否赔偿其损失？

【维权要点】

我国法律规定，承运人应当对运输过程中旅客的伤亡承担损害赔偿责任，但伤亡是旅客自身健康原因造成的，或者承运人证明伤亡是旅客故意、重大过失造成的除外。该款规定适用于按照规定免票、持优待票或经承运人许可搭乘的无票旅客。可见，老人享受免票待遇乘车时受伤，公交公司应当赔偿损失。

【典型案例】

王某是一名退休职工，按政府相关文件中的规定可享受免费乘车的待遇。一日，王某乘坐公共汽车外出办事，公共汽车在行驶途中突然刹车，致使王某的头部撞到前排座的后背上，受伤较重。经过住院治疗，共支付了人民币2000元。事后，他找到公交公司要求赔偿。公交公司认为王某属于享受免费乘车人员，公司不承担赔偿责任。为此，王某将公交公司诉诸人民法院。

【法官讲法】

我国民法典第823条规定："承运人应当对运输过程中旅客的伤亡承担赔偿责任；但是，伤亡是旅客自身健康原因造成的或者承运人证明伤亡是旅客故意、重大过失造成的除外。前款规定适用于按照规定免票、持优待票或者经承运人许可搭乘的无票旅客。"

本条是对旅客运输中承运人对旅客人身伤亡应负责任的规定。由于运输行为的要求在于高效和安全，因此现代任何一种运输生产活动都存在着与其他社会经济活动不同的风险，保障旅客在运输途中的安全也就成了旅客运输承运人的最大义务。我国民法典中有关运输过程中旅客伤亡承担赔偿责任实行无过错责任制度，即承运人即使在没有过错的情况下，也应当承担损害赔偿责任。这是基于对旅客人身健康权的特别保护以及旅客运输活动的特点等原因而确立的损害赔偿责任制度。该条第2款规定，明确表示按照规定免票、持优待票或经承运人许可搭乘的无票旅客同样适用第1款的规定。就本案而言，王某是依政府文件规定享受免票待遇的人，其在乘车过程中所受的人身损害，公交公司应当予以赔偿。

【法条指引】

中华人民共和国民法典

第八百二十三条　承运人应当对运输过程中旅客的伤亡承担赔偿责任；但是，伤亡是旅客自身健康原因造成的或者承运人证明伤亡是旅客故意、重大过失造成的除外。

前款规定适用于按照规定免票、持优待票或者经承运人许可搭乘的无票旅客。

5. 职工退休后将购买的公有房屋出租，单位能否以此为由将房屋收回？

【维权要点】

根据规定，职工对所购的房屋享有占有和使用权、有限处分权和收益权，即职工有权占有和使用所购房屋，可以继承，但只能自住自用，不能赠与。购房后一定期限内（一般为5年）不得出售。如职工在限制期满后出售或出租，单位享有优先购买权和承租权。出售或出租房屋取得的收益，按产权比例进行分配。但是，单位不能以此为理由将职工的房屋收回。

【典型案例】

梁某某是某集团公司职工。1999年6月，在房改中，梁某某与某集团公司签订购房协议，按标准价购得某集团公司的房屋一套，享有该房80%的产权，并取得房产部门颁发的房屋产权证明。2021年6月，梁某某从集团公司退休，退休后的梁某某到儿子处居住。未经某集团公司同意，他私自将在某集团公司的住房出租给张某，并收取了租金。某集团公司认为梁某某既已退休，且另有住房，因此应将房屋退还。经与梁某某协商，双方未达成协议。某集团公司遂到人民法院起诉梁某某，要求梁某某停止出租，退还房屋并赔偿损失。

【法官讲法】

国有企事业单位和国家机关，按照国家有关城镇公有住房制度改革的政策规定精神，将原出租给本单位职工的旧房或新建的房屋，在国家规定的建房标准价格基础上，将房屋部分产权出售给本单位职工，以逐步推行住房私有化。国家借此回收资金，加快建房资金的周转，增加新建房屋的投资。购房职工据此取得所购房屋的部分产权，即占有权和使用权、有限处分权和收益权。从而在实际上形成了两个权利主体，即代表国家行使国有资产管理权的售房单位和购房职工。对于两个权利主体就以标准化出售的公有房屋所建立的法律关系的性质而言，根据我国民法典第 297 条“不动产或者动产可以由两个以上组织、个人共有。共有包括按份共有和共同共有”的规定，公有住房是一种财产，以标准价出售以后所形成的两个权利主体产权共有的形式，符合法律确立的共有财产原则。目前我国法律规定的财产共有类型主要有两种：共同共有和按份共有。共同共有是指财产所有人不分份额，对同一财产享有占有、使用、收益和处分的权利，如夫妻共同财产；按份共有是指各权利人按照对同一财产占有的份额来行使占有、使用、收益和处分的权利，如房屋产权。按份共有揭示的是共有人之间的内部法律关系，对外仍是一个产权。对房屋按份共有而言，通常由共有人一方行使占有、使用权，收益权由共有人按份行使，一方行使处分权时，他方共有人有优先购买的权利。因此，以标准价出售的公有房屋的产权形态具备财产权利主体按份共有的特征，属于按份共有的财产所有权性质。

购房职工对所购部分产权房屋行使物权上的占有、使用、收益和处分权时，受到房屋原产权单位的限制。国务院住房制度改革领导小组《关于全面推进城镇住房制度改革的意见》第 4 条第 8 项规定，职工对所购房屋享有占有和使用权、有限处分权和收益权，即职工有权占有和使用所购房屋，可以继承，但只能自住自用，不能赠与。购房后一定期限内（一般为

5年）不得出售。如职工在限制期满后出售或出租，单位享有优先购买权和承租权。出售或出租房屋取得的收益，按产权比例进行分配。

购房职工与售房单位签订了以标准价售房协议并按约定支付了购房款，尚未取得有限产权证明前，未经售房单位同意，将房屋转让、出租或借与他人使用，售房单位起诉要求解除以标准价售房协议收回房屋的，应依法予以支持。购房职工在取得房屋有限产权证明后的权利限制期限内，未经售房单位同意，将房屋转让、出租或借与他人使用，单位要求收回房屋的，一般不予支持，但可责令购房职工限期将房屋收回自住自用；购房职工拒绝收回房屋的，可确认转让或出租行为无效，责令房屋受让人或承租人将房屋退还购房职工。购房职工取得房屋有限产权证明后，未经售房单位同意，将房屋转让或出租给他人，售房单位追认转让或出租行为有效，要求按产权份额比例分配收益的，依法应予支持。对这几种情况分别处理的原则依据是：（1）在未取得所购房屋的有限产权证明以前，购房职工尚未取得所购房屋的合法有限产权，如未经售房单位同意即将房屋转让或出租进行处分，侵犯了售房单位的财产所有权，同时也违反了国务院关于住房制度改革的规定，该处分行为无效。（2）购房职工虽取得了所购房屋的有限产权证明，但在权利限制期内未经售房单位同意将房屋转让或出租，也违反了国务院住房制度改革的限制性规定，其转让或出租行为亦属无效。（3）购房职工在取得房屋有限产权证明后，将房屋擅自转让或出租，售房单位追认有效后，按照民法典按份共有财产的处理原则，售房单位要求按照产权份额比例分配所得收益，符合法律规定，理应支持。

本案中，梁某某对其以标准价购得的公有房屋只享有部分产权，其对房屋的收益、处分权受到限制。所以，梁某某未经共有权人某集团公司的同意擅自出租给他人的行为是无权处分，未经某集团公司追认，其出租行为无效。

本案还有另外一个问题，梁某某以标准价购得公有房屋，其退休后，原单位是否可以收回房屋。对此，应视不同情况区别对待处理。一种情况是购房职工同意退还房屋，但要求给予一定经济补偿，此时可以支持售房单位收回房屋，但同时应根据购房职工所占产权比例，按照房屋出售时该房屋评估标准价（而不是购房职工支付的优惠价）给予购房职工经济补偿。这种处理方法的依据是：购房职工在购房时所享受的优惠政策，是国家给予购房职工的一种权利，同时带有补偿的含义。购房职工取得合法的房屋有限产权后，该有限产权同样受法律保护。优惠出售的房屋价格在优惠出售时，是按照房屋标准价（未计算土地、拆迁等费用）计算确定的。如按退房时的市场商品房屋价格退还购房职工房屋价款，势必损害国家利益。因此，按照房屋评估标准价退还购房职工房屋价款，既体现了对购房职工的经济补偿，也不损害国家利益，相对较为合理。另一种情况是购房职工不退还房屋，根据保护合法有限产权的原则，一般不应支持售房单位收回房屋的要求，而可责令购房职工在占有、使用房屋过程中，按售房单位所占的产权份额，按照商品住房租金价格向售房单位支付租金（含水、电、气等）。按此处理的理由是：双方劳动关系解除后，售房单位不再具有给予购房职工福利的义务，购房职工也不再享有对售房单位所占产权份额的房屋无偿占有、使用的权利。公民占有、使用售房单位享有产权份额的房屋，应当按照社会主义市场经济的商品价值原则给付占有、使用费用。

本案中，某集团公司提出收回已退休的梁某某的住房是不合理的，不应得到法院的支持。

【法条指引】

中华人民共和国民法典

第二百九十七条 不动产或者动产可以由两个以上组织、个人共有。共有包括按份共有和共同共有。

第二百九十八条 按份共有人对共有的不动产或者动产按照其份额享有所有权。

第二百九十九条 共同共有人对共有的不动产或者动产共同享有所有权。

第三百零五条 按份共有人可以转让其享有的共有的不动产或者动产份额。其他共有人在同等条件下享有优先购买的权利。

国务院住房制度改革领导小组
《关于全面推进城镇住房制度改革的意见》

四、城镇住房制度改革中的有关政策问题

（八）住房权属问题。职工购买公有住房，在国家规定标准面积以内的，实行标准价。购房后拥有部分产权，即占有权和使用权、有限处分权和收益权；可以继承，可以在购房5年以后进入市场出售或出租，原产权单位有优先购买权和租用权。售房收入扣除有关税费后所得收益，按政府、单位、个人的产权比例进行分配。职工拥有部分产权的住房，在自用和自住时受到法律的保护；按标准价购买的住房投放市场时，则受到法律的约束，不得高价出售或出租。各地在推行按标准价和部分产权原则出售公房时，要结合本地实际，拟定公房出售后的产权管理办法，把公房出售继续推行下去。

6. 子女已经年满18周岁，父母是否还须承担其生活费和教育费？

【维权要点】

我国法律规定，父母对子女有抚养教育的义务；子女对父母有赡养扶助的义务。父母不履行抚养义务时，未成年的或不能独立生活的子女，有要求父母给付抚养费的权利。这里“不能独立生活的子女”，是指尚在校接受高中及其以下学历教育，或者丧失或未完全丧失劳动能力等非因主观原因而无法维持正常生活的成年子女。如果子女已经年满18周岁，其接受的是国家高等教育，不属于“不能独立生活的子女”，父母就没有义务承担其生活费和教育费。

【典型案例】

原告章某与被告陆某是母女关系，原告父母因夫妻感情破裂于2007年7月经法院调解离婚；章某随父亲共同生活，陆某每月给付女儿抚育费700元，至章某18周岁止。之后，双方按此协议，各自履行了自己的义务。2020年5月，已满19周岁的章某参加全国高考，同年7月被某大学录取。每学年需要缴纳学费人民币6000元、书费人民币700元、住宿费人民币1200元、卧具费人民币500元，共计人民币8400元，章某的父亲先垫付了上述费用。2021年6月，章某向法院提起诉讼，要求陆某支付自己上大学的生活费和教育费。陆某每月收入人民币2000余元。

【法官讲法】

根据我国国情，国家实行中、小学的义务教育，高中、大学以上学历教育实行非义务教育。接受高学历的教育，给付高额的教育费，是当前我国教育体制改革的必然趋势。那么义务教育之外的高额教育费，是否属于求学者父母应承担的法定义务呢？笔者认为，从立法的本意和司法解释的精神来看，父母所承担子女的（法定）抚育费，应是指能维持子女基本生活和基本教育所需的费用，然后再根据父母的收入情况在一定的范围内予以适当浮动。这种基本教育的目的是为受教育者达到适应社会需要的一般知识水平，它随着社会经济、文化的发展而相应提高。而本案所涉“高额教育费”的性质，已明显超出“必要的”范围，非父母法定的义务。结合本案被告的实际收入情况，若要被告负担原告的高学历教育费用，已在其经济承受能力之上。我国民法典第 1067 条规定：“父母不履行抚养义务的，未成年子女或者不能独立生活的成年子女，有要求父母给付抚养费的权利。成年子女不履行赡养义务的，缺乏劳动能力或者生活困难的父母，有要求成年子女给付赡养费的权利。”《最高人民法院关于适用〈中华人民共和国民法典〉婚姻家庭编的解释（一）》第 41 条规定：“尚在校接受高中及其以下学历教育，或者丧失、部分丧失劳动能力等非因主观原因而无法维持正常生活的成年子女，可以认定为民法典第一千零六十七条规定的‘不能独立生活的成年子女’。”

本案中，原告已年满 18 周岁，其接受的是国家高等教育，不属于“不能独立生活的子女”，因此，法院对其诉讼请求不应当支持。但陆某可以适当给予章某一定的生活费用。

【法条指引】

中华人民共和国民法典

第一千零六十七条 父母不履行抚养义务的，未成年子女或者不能独立生活的成年子女，有要求父母给付抚养费的权利。

成年子女不履行赡养义务的，缺乏劳动能力或者生活困难的父母，有要求成年子女给付赡养费的权利。

最高人民法院关于适用《中华人民共和国民法典》婚姻家庭编的解释（一）

第四十一条 尚在校接受高中及其以下学历教育，或者丧失、部分丧失失劳动能力等非因主观原因而无法维持正常生活的成年子女，可以认定为民法典第一千零六十七条规定的“不能独立生活的成年子女”。

7. 退休后被留任正常领取工资，是否还应该领取养老保险金？

【维权要点】

我国劳动法规定，劳动者享受的社会保险金必须按时足额支付。任何组织和个人不得挪用社会保险基金。劳动者与用人单位确立劳动关系，用人单位就应支付工资，不能将劳动者本人享有的养老保险金作为单位用人工资支付。

【典型案例】

原告彭某于1984年开始在被告某党校招待所工作，系正式职工，任厨房保管及木工维修工作。2010年10月30日原告年满60岁，经批准退休。因招待所暂时无人接替其岗位，经请示校长同意，暂时留用原告，工资待遇可以参照党校的惯例执行，即除养老金外，再补足与在职时的工资差数，以及享受在职职工福利、奖金待遇。2010年11月起被告便留用了原告继续工作，并按原告的原工资发给了11月、12月的工资。后招待所的职工认为原告的工资过高而提出异议，招待所经理在招待所职工会上作出解释，说明原告的工资内含有其养老金，在此基础上享受在职职工同等待遇。2011年1月20日，原、被告签订《关于暂时留任退休职工彭某的协议》，该协议第2条载明：“乙方留任期间的工资、福利待遇与在职职工一样享受。”事后被告一直按在职职工待遇给原告发放工资、奖金，并享受每个职工可以一至二人在招待所免费就餐的福利。留用期间原告知道退休后享有养老金，被告也曾告知过原告，但原告一直未提出异议。2021年6月30日，原、被告双方终止了留用合同后，被告将退休证和工资本交付原告时，原告拒收，并要求被告返还其养老金，双方发生争议，经协商未果。2021年8月，原告遂诉至人民法院请求判令被告返还代为领取保管的养老金及利息。

【法官讲法】

《最高人民法院关于审理劳动争议案件适用法律问题的解释（一）》第32条第1款规定：“用人单位与其招用的已经依法享受养老保险待遇或者

领取退休金的人员发生用工争议而提起诉讼的，人民法院应当按劳务关系处理。”

本案中，原告虽然退休，但由于单位有特殊需要，因此双方经协商签订了《关于暂时留任退休职工彭某的协议》，从协议的形式看应为有效协议。协议第2条载明：“乙方留任期间的工资、福利待遇与在职职工一样享受。”该协议并非约定原告工资内包含其退休的养老金，而是约定差额部分补足与在职职工同等待遇。且原告60岁退休后，依法享有的养老保险是人力社保局发给，按劳动法规定：“劳动者享有的社会保险金必须按时足额支付。”“任何组织和个人不得挪用社会保险基金。”按上述规定，提供劳务者与用人单位确立劳务关系，就应由用人单位支付工资，不能将提供劳务者本人享有的养老保险金作为单位用人工资支付。虽然原告退休时招待所经理在职工会上对原告工资发放做过解释，但这些行为都是在2011年1月20日双方签订合同之前，被告单方的行为，并未得到原告的认可。而原、被告双方所签协议是双方签名认可的，既然协议第2条没有含养老金的约定，就应以该协议执行。因此，本案原告要求被告返还退休金合理合法。

【法条指引】

中华人民共和国劳动法

第七十三条　劳动者在下列情形下，依法享受社会保险待遇：

（一）退休；

（二）患病、负伤；

（三）因工伤残或者患职业病；

（四）失业；

（五）生育。

劳动者死亡后，其遗属依法享受遗属津贴。

劳动者享受社会保险待遇的条件和标准由法律、法规规定。

劳动者享受的社会保险金必须按时足额支付。

第七十四条　社会保险基金经办机构依照法律规定收支、管理和运营社会保险基金，并负有使社会保险基金保值增值的责任。

社会保险基金监督机构依照法律规定，对社会保险基金的收支、管理和运营实施监督。

社会保险基金经办机构和社会保险基金监督机构的设立和职能由法律规定。

任何组织和个人不得挪用社会保险基金。

8. 退休返聘期间的研究成果，应当归谁所有？

【维权要点】

对于退休返聘人员的研究成果，如果开发者在研究开发过程中，全部或者大部分利用法人或其他组织的资金、设备、器材或者原材料等物质技术条件，或者该项技术成果的实质性内容是在本单位尚未公开的技术成果、阶段性成果或者关键技术的基础上完成，该项开发研究是属于开发者所在岗位的工作任务和责任范围，则该项技术成果属于职务技术成果，应该归法人或者其他组织（单位）所有。如果该项技术成果的完成并不属于该开发者的工作任务和责任范围，而是其在完成本职工作的情况下，利用专业知识、经验和信息完成的，则属于非职务技术成果，其应该由开发者个人所有。

【典型案例】

69 岁的知名油菜育种专家刘某是某油料作物研究所（简称油料所）退休职工，2012 年底被单位返聘。在工作之余，他利用专业知识和经验选育出了油菜种“201 新品系”。油料所认为刘某违反了单位的知识产权规定，阻止了这一新品系的区域试验。2021 年 3 月，刘某以育种成果所有权及名誉权被侵犯为由，将油料所告上法庭，诉请人民法院依法确认其所有权，判令油料所公开赔礼道歉，并赔偿其经济损失、精神损失费共计 55 万元。被告油料所反诉称，“201 新品系”是刘某返聘期间研发的职务性成果，该育种成果应归己方所有，并索赔 60 万元。

【法官讲法】

职务技术成果，是指执行本单位的任务或者主要是利用本单位的物质技术条件所完成的技术成果。执行本单位的任务包括：在职人员承担本单位的科学研究和技术开发课题或者履行本岗位的职责；退休、离休、调动工作的人员在课题或者履行原岗位的职责。利用本单位的物质技术条件是指利用单位提供的资金、设备、器材、未公开的技术情报和资料。

根据我国民法典第847条、第848条的规定，如果开发者在研究开发过程中，全部或者大部分利用法人或其他组织的资金、设备、器材或者原材料等物质技术条件，或者该项技术成果的实质性内容是在本单位尚未公开的技术成果、阶段性成果或者关键技术的基础上完成，该项开发研究是属于开发者所在岗位的工作任务和责任范围，则该项技术成果属于职务技术成果，应该归法人或者其他组织（单位）所有。如果该项技术成果的完成并不属于该开发者的工作任务和责任范围，而是其在完成本职工作的情况下，利用专业知识、经验和信息完成的，则属于非职务技术成果，其应该由开发者个人所有。

本案中，刘某的油菜育种知识、经验等虽与其工作经历有关，但他选育“201新品系”没有利用油料所的物质技术条件，他返聘期间的主要工作也是选育油菜新品种，不存在岗位职责上的延续性。因此，“201新品系”的选育是非职务性行为，育种成果权应归刘某所有。

【法条指引】

中华人民共和国民法典

第八百四十七条 职务技术成果的使用权、转让权属于法人或者非法人组织的，法人或者非法人组织可以就该项职务技术成果订立技术合同。法人或者非法人组织订立技术合同转让职务技术成果时，职务技术成果的完成人享有以同等条件优先受让的权利。

职务技术成果是执行法人或者非法人组织的工作任务，或者主要是利用法人或者非法人组织的物质技术条件所完成的技术成果。

第八百四十八条 非职务技术成果的使用权、转让权属于完成技术成果的个人，完成技术成果的个人可以就该项非职务技术成果订立技术合同。

第四章　老年人养老保险权益保护

1. 内退职工是否应该缴纳养老保险?[1]

【维权要点】

近些年来，内退现象在很多地区普遍存在，很多用人单位都实行了内部退养。但是内退不能以牺牲职工利益来换取企业利益。对于内退职工，用人单位不仅要为其发放工资，还要为其继续办理各种社会保险。如果劳动者内退后，用人单位不再为其办理社会保险，劳动者可以向劳动保障部门投诉，保护自己的合法权益。

【典型案例】

陈某是长沙市某机械厂职工，2017 年，陈某年满 55 周岁。他听人说，像他这种情况，可以办理内退。陈某和妻子一商量，觉得儿子大学已经毕业，家里也没有什么负担，本人年纪也大了，正好可以早点休息几年。便向单位领导申请办理了内退。2021 年，陈某达到退休年龄，但劳动保障行政部门却无法给王某办理退休手续。原来这几年，单位一直没有为陈某缴纳养老保险费。陈某找到单位领导，领导说，他是内退人员，早就已经退休了，还办什么养老保险，对陈某的要求不予理睬。陈某无奈，找到市劳动监察支队，要求监察处理。

【法官讲法】

职工在企业内部退养，从实质上讲，还是企业职工，企业不仅要为其发工资，还要缴纳养老保险费。这些年来，有一部分企业为了减员增效，

[1] 陈琦主编：《社会保险与福利待遇纠纷诉讼指引与实务解答》，法律出版社 2014 年版，第 176—177 页。

对企业一些不符合退休条件的职工实行内退，内退工资当然由企业支付。“内退”从一开始就是一种企业行为，而不是一种政府的行为，从实质上讲，内退职工还是企业的职工，只是没有工作岗位，与在岗职工没有什么本质的区别。国务院1993年第111号令《国有企业富余职工安置规定》第9条规定，职工距退休年龄不到5年的，经本人申请，企业领导批准，可以退出工作岗位休养。职工退出工作岗位休养期间，由企业发给生活费。已经实行社会保险统筹的地方，企业和退出工作岗位休养的职工应当按照有关规定缴纳基本养老保险费。此案中，陈某在单位内退后，仍然是企业职工，企业应该依法为其缴纳养老保险费。国务院《社会保险费征缴暂行条例》第4条明确规定，缴费单位、缴费个人应当按时足额缴纳社会保险费。企业应该为陈某补缴他内退几年的养老保险费。

【法条指引】

国有企业富余职工安置规定

第九条 职工距退休年龄不到五年的，经本人申请，企业领导批准，可以退出工作岗位休养。职工退出工作岗位休养期间，由企业发给生活费。已经实行退休费用统筹的地方，企业和退出工作岗位休养的职工应当按照有关规定缴纳基本养老保险费。职工退出工作岗位休养期间达到国家规定的退休年龄时，按照规定办理退休手续。职工退出工作岗位休养期间视为工龄，与其以前的工龄合并计算。

社会保险费征缴暂行条例

第四条 缴费单位、缴费个人应当按时足额缴纳社会保险费。

征缴的社会保险费纳入社会保险基金，专款专用，任何单位和个人不得挪用。

2. 外企职工是否应该参加养老保险？

【维权要点】

国务院《社会保险费征缴暂行条例》规定，基本养老保险费的征缴范围为：国有企业、城镇集体企业、外商投资企业、城镇私营企业和其他城镇企业及其职工，实行企业化管理的事业单位及其职工。可见，外企职工也应当参加养老保险。

【典型案例】

小唐大学毕业后，进了一家外企，成了众人羡慕的“白领”。老板给的工资很高，小唐也很满意，但是老板没有为她办理社会养老保险。小唐很想参加养老保险，便跟老板说了。老板也搞不清楚，他说，在中国好像只有国有企业职工才要求参加养老保险，我们外企的福利保险都很好，社会保险应不用参加。于是让小唐自己去找一些法律依据，并向劳动监察部门投诉，劳动监察部门的同志给小唐找到相关法律文件，并给小唐公司打了电话，督促公司给员工办理养老保险。小唐所在用人单位虽然是外企，但也是属于中华人民共和国境内的企业；按照有关属地管理的原则，应该执行中华人民共和国法律法规，故也应该依法为职工办理养老保险登记，而不是只要求有国有企业参加养老保险。

【法官讲法】

按时足额缴纳养老保险费，这不仅是我国法律的规定，也是国际上的惯例。1997 年 7 月，《国务院关于建立统一的企业职工基本养老保险制度的决定》规定，基本养老保险制度要逐步扩大到城镇所有企业及其职工。国务院发布的《社会保险费征缴暂行条例》第 3 条更是明确规定，基本养老保险费的征缴范围：国有企业、城镇集体企业、外商投资企业、城镇私营企业和其他城镇企业及其职工，实行企业化管理的事业单位及其职工。

解决此类问题首先应该把握的一条就是，只要是中华人民共和国境内的企业，都应该受到中华人民共和国法律的调整，而不论企业的性质如何。不论国企，还是外企、私营企业都应该遵守中国法律，为员工办理社会保险。如果外企或者私营企业没有为其所聘用的职工办理社会保险，职工可以向劳动保障部门反映，依法维护自己的合法权益。

【法条指引】

国务院关于建立统一的企业职工基本养老保险制度的决定

六、进一步扩大养老保险的覆盖范围，基本养老保险制度要逐步扩大到城镇所有企业及其职工。城镇个体劳动者也要逐步实行基本养老保险制度，其缴费比例和待遇水平由省、自治区、直辖市人民政府参照本决定精神确定。

社会保险费征缴暂行条例

第三条 基本养老保险费的征缴范围：国有企业、城镇集体企业、外商投资企业、城镇私营企业和其他城镇企业及其职工，实行企业化管理的事业单位及其职工。

基本医疗保险费的征缴范围：国有企业、城镇集体企业、外商投资企业、城镇私营企业和其他城镇企业及其职工，国家机关及其工作人员，事业单位及其职工，民办非企业单位及其职工，社会团体及其专职人员。

失业保险费的征缴范围：国有企业、城镇集体企业、外商投资企业、城镇私营企业和其他城镇企业及其职工，事业单位及其职工。

省、自治区、直辖市人民政府根据当地实际情况，可以规定将城镇个体工商户纳入基本养老保险、基本医疗保险的范围，并可以规定将社会团体及其专职人员、民办非企业单位及其职工以及有雇工的城镇个体工商户及其雇工纳入失业保险的范围。

社会保险费的费基、费率依照有关法律、行政法规和国务院的规定执行。

3. 个体户如何参加社会养老保险？

【维权要点】

我国部分国有企业在进行改制分流，从企业分流出来的人员很多。他们中有很多人都从事了个体经营，大都希望将以前的保险接续起来。对于类似情况的人员，可以在当地社会保险经办机构办理养老保险的登记或者接续手续。

【典型案例】

秋某是长沙一家国有企业职工，2009 年企业改制，单位和秋某有偿解除了劳动合同。秋某用这笔钱开了一个小商店，也还赚了不少钱。但是小商店不能开一辈子，现在糊口是可以，但是老了，靠什么来养活自己呢？

秋某希望能把以前的工龄续上，继续缴纳养老保险，但是又不知道可不可以办理，也不知道如何去办理。于是他拨打了劳动保障局的咨询电话。

【法官讲法】

秋某希望能继续参保，并把以前的连续工龄续上，是符合国家有关政策规定的。1997 年《国务院关于建立统一的企业职工基本养老保险制度的决定》明确规定，城镇个体劳动者也要逐步实行基本养老保险制度，其缴费比例和待遇水平由省、自治区、直辖市人民政府参照本决定精神确定。按这个文件的规定，秋某以个体户的身份是可以继续办理社会养老保险的。其缴费的基数和比例按其省有关规定，应按照当地上年度职工月平均工资为基数，按用人单位缴费比例与职工个人缴费比例之和缴费。

【法条指引】

国务院关于建立统一的企业职工基本养老保险制度的决定

六、进一步扩大养老保险的覆盖范围，基本养老保险制度要逐步扩大到城镇所有企业及其职工。城镇个体劳动者也要逐步实行基本养老保险制度，其缴费比例和待遇水平由省、自治区、直辖市人民政府参照本决定精神确定。

4. 用人单位应缴而未缴基本养老保险费的，职工如何救济自身合法权利?[1]

【维权要点】

在国家规定劳动年龄内（或虽已超过国家规定的劳动年龄但已参保缴费且未办理按月领取基本养老金手续）的参保人，由于用人单位原因应缴未缴基本养老保险费的，用人单位可以提出书面补缴申请，并提交本单位成立、存续的证明材料（营业执照、开办文件等），以及补缴期间与参保人存在劳动（聘用）关系的证明、工资收入凭证，按照流程办理补缴手续。

---

〔1〕 陈琦主编：《社会保险与福利待遇纠纷诉讼指引与实务解答》，法律出版社 2014 年版，第 178—179 页。

【典型案例】

原告杨某于1986年12月参加工作，后就职于甲公司。2010年10月20日，原告在北京市某区人力社保局办理退休手续后，得知退休待遇为每月1169.82元。原告后发现甲公司存在少缴社会保险费情况，找到甲公司要求补缴，甲公司亦同意补缴，但区人力社保局称核准结果已经作出不能改变。原告认为，区人力社保局应根据相关法规和实际情况重新核准原告的基本养老保险待遇，故提起行政诉讼。

区人力社保局认为，原告杨某认为甲公司以低于其实际工资的基数为其缴纳基本养老保险，应按照相关规定，及时向区人力社保局举报。原告申请办理特殊工种提前退休，被告根据相关规定于2010年10月19日审批通过其提前退休材料。同年10月20日，甲公司将原告核准基本养老金所需材料报送区人力社保局，区人力社保局按规定核准并归档。根据《关于贯彻实施〈北京市基本养老保险规定〉有关问题的具体办法》第6条的规定，2005年度（含）前的基本养老保险基数不再变更。2006年之后，如参保职工与参保单位对缴费基数及缴费金额产生争议，应于每年10月15日前到所属社保经办机构稽核部门投诉、举报。原告未在公告规定时间内投诉、举报单位，故其2009年度（含）前的缴费基数无法补缴。《关于基本养老保险补缴有关问题的业务操作办法》第2条规定了已经办理按月领取基本养老金手续的参保人不能补缴。原告认为因单位未足额为其缴纳基本养老保险费导致基本养老金水平偏低，可要求单位赔偿其损失。最终人民法院判决驳回了原告杨某的诉讼请求。

【法官讲法】

以北京市为例，根据《北京市社会保险基金管理中心关于基本养老保险补缴有关问题的业务操作办法》的规定，在国家规定劳动年龄内（或虽已超过国家规定的劳动年龄但已参保缴费且未办理按月领取基本养老金手续）的参保人，由于用人单位原因应缴未缴基本养老保险费的，用人单位可以提出书面补缴申请，并提交本单位成立、存续的证明材料（营业执照、开办文件等），以及补缴期间与参保人存在劳动（聘用）关系的证明、工资收入凭证，按照流程办理补缴手续。

本案中，区人力社保局具有监督和管理其行政区域内的基本养老保险工作，核准其辖区内退休人员基本养老保险待遇的法定职责。本案中，区人保局对甲公司提交的申请及核准基本养老保险金所需材料进行审核，确认甲公司申请为原告核准基本养老保险待遇所提交的相关材料齐全，故对原告的基本养老保险待遇予以核准，该行为合法。根据被告提交的核对养老保险缴费情况的公告及《关于基本养老保险补缴有关问题的业务操作办法》可以看出，上述文件均赋予了参保职工对缴费金额产生争议时进行投诉、举报及补缴的权利，而本案原告并未根据上述规定在期限内主张权利，故被告以原告所在单位申报材料为依据作出被诉具体行政行为并无不当。此外，《北京市基本养老保险规定》第30条中规定，企业给被保险人享受基本养老保险待遇造成损失的，被保险人有权要求企业赔偿。因此，原告如认为因甲公司少缴社会保险费而导致其养老保险金减少，可以通过向劳动监察部门投诉等方式予以解决。故，人民法院判决驳回了原告的诉讼请求。

【法条指引】

北京市基本养老保险规定

第三十条　企业不参加基本养老保险或者不按时足额缴纳基本养老保险费的，由劳动保障行政部门责令限期改正，按照国务院《社会保险费征缴暂行条例》的规定予以行政处罚，并将企业违法行为的信息依法计入本市企业信用信息系统；企业给被保险人享受基本养老保险待遇造成损失的，被保险人有权要求企业赔偿。

北京市社会保险基金管理中心关于基本养老保险补缴有关问题的业务操作办法

二、在国家规定劳动年龄内（或虽已超过国家规定的劳动年龄但已参保缴费且未办理按月领取基本养老金手续）的参保人，由于用人单位原因应缴未缴基本养老保险费的，用人单位可以提出书面补缴申请，并提交本单位成立、存续的证明材料（营业执照、开办文件等），以及补缴期间与参保人存在劳动（聘用）关系的证明、工资收入凭证，按照以下流程办理补缴手续：

（一）对于参保单位为个人申请补缴当前缴费年度（补缴办理日期所在年度及每年上一年度社会平均工资未公布前，办理补缴上一自然年度养老保险费，视为补缴当年）基本养老保险费的，参保单位提供相关证明材料，并填写《北京市补缴基本养老保险费申办单》（见附件）、补缴明细表、补缴汇总表各一式两份到所属区（县）社保经办机构申报办理基本养老保险费补缴手续。

（二）对于参保单位为个人申请补缴历史缴费年度（指办理日期在每年公布上一年社会平均工资后办理补缴上一自然年度及之前年度）基本养老保险费的，需参保单位到所属区（县）人力资源和社会保障行政部门进行审批通过后按照本条第（一）款流程办理补缴业务。

各原行业统筹单位申请补缴历史缴费年度基本养老保险费的，需报市人力资源和社会保障行政部门审批后方可办理补缴业务。

（三）在每年《北京市社会保险基金管理中心关于核对养老保险缴费情况的公告》中公布确定的公告期内，用人单位发现问题主动提出补缴当年及上一自然年度基本养老保险费的，需用人单位向所属社保经办机构稽核部门提出书面申请，并提交个人与用人单位双方签字确认的应补缴期间的缴费工资基数，同时稽核部门应要求用人单位核实全部在职职工的缴费基数状况，并据此出具《社会保险稽核通知书》为涉及此类问题的全部在职职工一并办理养老保险补缴。

超过公告期规定期限补缴基本养老保险费的，需按本条第（一）、（二）款流程办理补缴。

5. 超龄人员缴养老保险，应当具备何种条件？[1]

【维权要点】

以北京市为例，在国家规定的劳动年龄内具有本市城镇户籍，在本市实行基本养老保险个人缴费制度前，被本市企业或国家机关、事业单位招收录用，具有符合国家规定满10年以上的连续工龄或工作年限，但实行个

---

〔1〕陈琦主编：《社会保险与福利待遇纠纷诉讼指引与实务解答》，法律出版社2014年版，第180—181页。

人缴费制度后未缴纳过社会保险费，在2005年9月30日前已超过国家规定的劳动年龄、不能享受基本养老保险待遇的超龄人员，可以申请补缴基本养老保险费和基本医疗保险费。接收超龄人员补缴申请的单位于接到申请后15日内报所在区县劳动保障行政部门，并提交相关材料。

【典型案例】

北京市某区人力社保局作出《关于北京某医院孟某申请办理补缴基本养老保险费的告知书》，告知了孟某到某区人力社保局办理超龄人员补缴基本养老保险手续及需提交的相关材料。2009年11月11日，北京某医院向某区人力社保局提交了孟某补缴养老保险费的申请书及相关档案材料。其中，提交的孟某的档案材料中缺乏孟某在其曾经工作过的某单位的原始档案材料。2009年12月，某区人力社保局作出被诉行政告知书认为，北京某医院未能提交孟某的原始档案材料，孟某不符合超龄补缴的条件。孟某不服某区人力社保局作出的上述答复，遂向人民法院提起行政诉讼。区人力社保局认为孟某于1992年10月北京市实施基本养老保险个人缴费制度前与单位建立了劳动关系，且于2005年9月30日前已超过国家规定的劳动年龄，但缺少超龄人员的原始档案，故不能确定超龄人员是否符合规定要求的满10年连续工龄或工作年限的条件。因此，不能为其办理超龄补缴核准手续，请求人民法院驳回孟某的诉讼请求。最终人民法院支持了区人力社保局的答辩意见，驳回了孟某的诉讼请求。

【法官讲法】

超龄人员补缴基本养老保险应当提供相应的申请材料供相关行政机关进行审查。根据《北京市劳动和社会保障局关于超过国家规定劳动年龄的本市城镇人员社会保险有关问题的处理办法》第2条的规定：“在国家规定的劳动年龄内具有本市城镇户籍，在本市实行基本养老保险个人缴费制度前，被本市企业或国家机关、事业单位（以下统称用人单位）招收录用，具有符合国家规定满十年以上的连续工龄或工作年限，但实行个人缴费制度后未缴纳过社会保险费，在2005年9月30日前已超过国家规定的劳动年龄、不能享受基本养老保险待遇的超龄人员，可以申请补缴基本养老保险费和基本医疗保险费。”第5条规定：“按本办法接收超龄人员补缴申请的单位于接到申请后十五日内报所在区县劳动保障行政部门，并提交以下材料。（一）超龄人员补缴基本养老保险费和基本医疗保险费的申请书，其中按本办法第三条第（二）项规定办理的，还应当提交办理补缴手续的书面协议；（二）超龄人员户口簿原件及复印件；（三）《超龄人员补缴基本养老保险和基本医疗保险费审批表》；（四）超龄人员原始档案材料及档案材料清单。”

本案中，某区人力社保局依据规定，告知了孟某提交相关申请材料，但孟某提交的档案材料中含有的部分材料，并非原始档案材料，而系相关单位补开的证明材料。这些材料不足以全面真实地反映孟某的工作履历情况，不符合上述超龄补缴人员须提交原始档案材料的要求，因此，某区人力社保局无法核实孟某是否符合超龄补缴养老保险费的条件。某区人力社保局据此向孟某作出的《告知书》认定事实清楚，证据充分，适用法律、法规适当。对于孟某的诉讼请求，人民法院应予以驳回。

【法条指引】

北京市劳动和社会保障局关于超过国家规定劳动年龄的本市城镇人员社会保险有关问题的处理办法

二、在国家规定的劳动年龄内具有本市城镇户籍，在本市实行基本养老保险个人缴费制度前，被本市企业或国家机关、事业单位（以下统称用人单位）招收录用，具有符合国家规定满十年以上的连续工龄或工作年限，但实行个人缴费制度后未缴纳过社会保险费，在2005年9月30日前已超过国家规定的劳动年龄、不能享受基本养老保险待遇的超龄人员，可以申请补缴基本养老保险费和基本医疗保险费。

五、按本办法接收超龄人员补缴申请的单位于接到申请后十五日内报所在区县劳动保障行政部门，并提交以下材料。

（一）超龄人员补缴基本养老保险费和基本医疗保险费的申请书，其中按本办法第三条第（二）项规定办理的，还应当提交办理补缴手续的书面协议；

（二）超龄人员户口簿原件及复印件；

（三）《超龄人员补缴基本养老保险和基本医疗保险费审批表》；

（四）超龄人员原始档案材料及档案材料清单。

6. 退休人员被法院判处刑罚，能否继续享受养老保险待遇？〔1〕

【维权要点】

《劳动和社会保障部办公厅关于退休人员被判刑后有关养老保险待遇问题的复函》中规定："退休人员因涉嫌犯罪被通缉或在押未定罪期间，其基本养老金暂停发放。如果法院判其无罪，被通缉或羁押期间的基本养老金予以补发。"根据这个规范性文件的规定，在关押期间停发基本养老金，仅仅是一种临时性措施，是否予以补发，完全取决于当事人本身是否构成犯罪。

【典型案例】

2008 年 8 月，退休老人罗某因涉嫌写匿名信诽谤他人，被法院认定构成诽谤罪，判处有期徒刑 1 年，缓刑 2 年。罗某每月的养老金分为两部分，一部分是单位发的 615 元，另一部分是人力社保局发的 470 元。在关押期间，罗某发现人力社保局停发了自己的养老金，单位这边不仅不发养老金，甚至连其他一些待遇都没有。

罗某找到人力社保局，人力社保局说："你被判刑了，按照规定，应当停发养老金，如果交来释放证就可以发了。"罗某又去找单位交涉，但次次空手而返。后来，老罗向人力社保局提交了自己被宣告缓刑的材料后，人力社保局一次性补回了 7 个月（2008 年 12 月至 2009 年 6 月）的养老金给单位，由单位补发给了老罗。老罗患有糖尿病，人力社保局每月发的养老金除了买药外，所剩无几。如今已经过去一两年了，单位那边应给的养老金部分依旧没有着落。

【法官讲法】

罗某被关押期间，被暂停发放养老金是有依据的，劳动和社会保障部办公厅 2001 年 3 月 8 日发布的《关于退休人员被判刑后有关养老保险待遇问题的复函》规定："……退休人员因涉嫌犯罪被通缉或在押未定罪期间，

〔1〕 陈琦主编：《社会保险与福利待遇纠纷诉讼指引与实务解答》，法律出版社 2014 年版，第 183—184 页。

其基本养老金暂停发放。如果法院判其无罪，被通缉或羁押期间的基本养老金予以补发。”根据这个规范性文件的规定，在关押期间停发基本养老金，仅仅是一种临时性措施，是否予以补发，完全取决于当事人本身是否构成犯罪。所以说，社保局在罗某关押期间暂停发养老金，后来又补发，这是有根据的。

被判缓刑仍可享受待遇。罗某最后被宣告缓刑，那他能否享受养老金待遇呢？缓刑不是一种刑罚，而是对被判处拘役、3 年以下有期徒刑的犯罪分子，根据其犯罪情节和悔罪表现所规定的一个考验期。而且，国家推行养老保险制度，其目的是保障丧失劳动能力的职工的基本生活。为了不致影响被宣告有期徒刑缓刑的退休职工的生活，我们国家法律规定，退休职工在被宣告缓刑考验期内，没有被剥夺政治权利的，可以继续享受原退休待遇。也就是说，罗某是可以享受基本养老金待遇的。

【法条指引】

劳动和社会保障部办公厅关于退休人员被判刑后有关养老保险待遇问题的复函

……退休人员因涉嫌犯罪被通缉或在押未定罪期间，其基本养老金暂停发放。如果法院判其无罪，被通缉或羁押期间的基本养老金予以补发。

7. 职工在工作期间被判处刑罚，其连续工龄如何认定？

【维权要点】

根据我国有关工龄计算的相关规定，工龄分为连续工龄和工作年限两种称谓，分别适用于企业职工和国家机关、事业单位工作人员。连续工龄是指职工在企业内连续工作的时间。工龄计算标准分为连续计算、合并计算和重新计算等几种方法。其中，工龄的连续计算是指职工因各种原因使工作发生变动，使工作时间分为几段，几段时间连续相加计算；合并计算是指职工因各种原因中断工作，把间断时间扣除外，间断前和间断后的时间可以合并计算；重新计算是指职工参加工作和劳动后，由于自己非正当原因造成工作间断后又重新参加工作和劳动，其工龄计算应从最后一次参加工作之日起重新计算。

【典型案例】

原告曾某于1966年参军，1983年集体转业到城建公司工作。因其曾于1991年犯贪污罪被判处4年有期徒刑，故在2006年办理退休手续时，某区人力社保局以原内务部（59）内人事福字第740号《关于工作人员受过开除、劳动教养、刑事处分工龄计算问题的复函》第1条，即“工作人员受过开除处分或者刑事处分的，应当从重新参加工作之日起计算工作年限”的规定，计算原告的工龄。原告认为，上述文件还规定了“如果情节较轻经过任免机关批准的，受处分以前的工作时间，也可以合并计算工作年限”。原告1991年被判刑后，因犯罪情节轻微，原单位保留了原告的公职，原告刑满释放后立即回原单位工作，而原单位也一直合并计算原告判刑前后的工龄。某区人力社保局作出的《北京市企业城镇劳动者退休审批表》中关于工龄的计算错误，请求法院判决撤销被告作出的上述退休审批表。

被告某区人力社保局认为，原内务部《关于工作人员受过开除、劳动教养、刑事处分工龄计算问题的复函》虽然规定如果情节较轻，经过任免机关批准的，受处分以前的工作时间，也可以合并计算工作年限，但是，在原告办理退休的个人档案中，并无经过任免机关批准的相关证明材料。因此，被告在办理原告的退休审批过程中并无不当。该案经过审理，法院判决驳回了原告的诉讼请求。

【法官讲法】

本案的主要争议焦点系被告适用原内务部《关于工作人员受过开除、劳动教养、刑事处分工龄计算问题的复函》第1条的内容认定原告的连续工龄从重新参加工作之日起计算是否恰当。解决上述争议焦点，要结合该市基本养老保险制度的发展及涉及上述问题的各项规定予以全面考虑。依据《北京市基本养老保险规定》第35条的规定，本市实行个人缴纳基本养老保险费前，按照国家规定计算的连续工龄视同缴费年限。本市从1992年10月开始针对企业实行基本养老保险缴费制度，也就是说，职工1992年10月以前的工龄，符合国家相关规定的连续工龄计算标准的，可以计算为视同缴费年限。

我国有关工龄计算的相关规定，工龄分为连续工龄和工作年限两种称谓，分别适用于企业职工和国家机关、事业单位工作人员。连续工龄是指职工在企业内连续工作的时间。工龄计算标准分为连续计算、合并计算和重新计算等几种方法。其中，工龄的连续计算是指职工因各种原因使工作发生变动，使工作时间分为几段，几段时间连续相加计算；合并计算是指职工因各种原因中断工作，把间断时间扣除外，间断前和间断后的时间可以合并计算；重新计算是指职工参加工作和劳动后，由于自己非正当原因造成工作间断后又重新参加工作和劳动，其工龄计算应从最后一次参加工作之日起重新计算。本案中，原告系因个人行为触犯法律被判处刑罚，服刑期满后又回原单位工作，根据上述工龄计算的标准，属于因其自身非正当原因造成工作时间的间断后又重新参加工作的情形，符合上述工龄计算方法中有关重新计算工龄的标准。被告以前述复函第 1 条规定计算了原告的连续工龄。该文件仅是当时的内务部对上海市人民委员会人事处的复函，并非计算连续工龄的法定依据。因此，被告以此复函作为计算原告连续工龄的法定依据显然欠妥。但是，结合我国相关工龄计算标准和《北京市基本养老保险规定》第 35 条规定中对于连续工龄视同缴费年限的规定，被告对原告可以享受养老保险待遇的连续工龄的计算结论并无不当。

【法条指引】

内务部关于工作人员曾受过开除、劳动教养、刑事处分工龄计算问题的复函

一、工作人员受过开除处分或者刑事处分的，应当从重新参加工作之日起计算工作年限，他们受处分以前的工作时间和参加工作以前主要依靠工资为生活来源的劳动时间，可以计算为一般工龄。如果情节较轻，经过任免机关批准的，受处分以前的工作时间，也可以合并计算工作年限。但受开除处分或者刑事处分的反革命分子和其他坏分子，他们的工作年限和一般工龄均应从重新参加工作之日起计算。

二、受过劳动教养处分（没有开除公职）或者监督劳动处分的人员，他们受处分以前的工作时间，可以计算为工作年限，他们参加工作以前主要依靠工资为生活来源的劳动时间，可以计算为一般工龄。受过劳动教养

处分并开除公职又重新参加工作的人员，他们的工作年限和一般工龄的计算，可按本复文（一）条的精神办理。

劳动教养（没有开除公职）和监督劳动期间一般不计算工作年限，但可以计算一般工龄。

8. 对于复员、退伍军人的军龄，应否纳入连续工龄的计算范畴？

【维权要点】

根据我国法律规定，复员、退伍军人直接由政府介绍工作的和复员、退伍回乡参加农业生产后，又由劳动部门安排就业的，他们的军龄都应当合并计算为连续工龄（在企业单位的，即为本企业工龄）。复员、退伍军人自行找到工作，凡是列入正式编制的，他们的军龄也同样应当合并计算为连续工龄。入伍前原系正式在职职工或学徒的复员、退伍军人，他们入伍前的工龄和入伍后的军龄以及复员、退伍参加工作后的工龄，应当合并计算为连续工龄。复员、退伍军人军龄计算为连续工龄后，应当和所在单位具有同样工龄的职工，享受同等的社保福利待遇。

【典型案例】

肖某出生于1950年12月14日，于2010年12月年满60周岁，达到国家规定的退休年龄。经区人力社保局审核，肖某档案记载其于1970年8月入伍，1980年11月退伍，1981年到儿影厂工作，并于1982年12月至2006年7月在北京市某区百货公司工作。区人力社保局对肖某进行养老保险待遇核准过程中，发现肖某的上述档案存在如下问题：（1）肖某档案中的《转正定级审批表》、《北京市全民企业调整职工档案工资审批表》、《调整工资审批表》、《工人工资审批表》、《劳动合同书》、《调入证明》、《工人调动介绍信》和《存档人员登记表》上加盖的“北京市某区百货公司劳资科”及“北京市百货公司某区公司医药文化用品批发部”印章与该区区志及北京市某区商业委员会《关于百货公司机构改革和网点调整的意见》内容矛盾；（2）1992年10月至2006年5月，肖某的基本养老保险为某公司补缴，与肖某记载的工作单位北京市某区百货公司不一致。区人力社保局依据上述材料及核查情况，于2011年1月30日作出《北京市基本养老保险待遇核准表》，认定肖某视同缴费年月为0。

肖某不认同该核准表，认为其1992年10月以前的工作年限应视同缴费年限，遂提起行政诉讼。区人力社保局认为，经查北京市某区档案馆的记载，1982年12月，北京市百货公司某区公司调入人员中并无原告肖某此人，故其视同工龄暂无法认定。区人力社保局只能按照肖某的实际缴费年限依法为其核准了基本养老待遇。最终人民法院认为区人力社保局未能将肖某的军龄认定为连续工龄，撤销了被诉的基本养老保险待遇核准表。

【法官讲法】

根据北京市政府183号令《北京市基本养老保险规定》的规定，被保险人符合规定条件的，自劳动保障行政部门核准后的次月起，按月领取基本养老金。因此，区人力社保局作为本行政区域内的劳动保障行政部门具有审核养老保险待遇的法定职责。该规定第35条规定："本规定所称的缴费年限是指企业和城镇职工共同缴纳基本养老保险费的年限。本市实行个人缴纳基本养老保险费前，按照国家规定计算的连续工龄视同缴费年限……"北京市于1992年10月1日起开始实施职工个人缴费制度，也就是说，职工1992年10月以前的工龄，符合国家相关规定的连续工龄计算标准的，视同缴费年限。同时，根据我国有关工龄计算的相关规定，连续工龄是指职工在单位内连续工作的时间。本案中，从某区人力社保局提供的肖某档案材料看，肖某在儿影厂工作期间的档案材料不完整，其在北京市某区百货公司工作的档案材料与客观情况存在矛盾。因此，肖某的档案材料不能有效反映肖某在此期间的连续工作情况。肖某亦不能提供足以推翻其档案材料存在上述矛盾之处的有效证据。故某区人力社保局基于肖某档案材料存在的上述问题，未将肖某于1981年进入儿影厂至1992年10月某公司为其补缴基本养老保险前的期间计算为连续工龄，未认定为视同缴费年限的结论并无不当。

但根据我国有关军龄计算为工龄的政策规定和历史沿革，退伍军人的军龄应纳入连续工龄的计算范畴。本案中，肖某档案记载其于1970年8月入伍，1980年11月退伍。肖某在此期间的军龄应属于连续工龄的计算范畴。虽然肖某的全部档案材料与某区人力社保局调查核实的情况不完全一致，但其1970年8月至1980年11月参军入伍这一时期的军龄是完整、连续的，某区人力社保局亦未提供相应证据证明其不将该段军龄视同缴费年限符合相关规定。因此，根据本案现有证据，肖某的上述军龄系按照国家规定计算的连续工龄，应视同缴费年限。某区人力社保局仅以肖某的全部档案材料不完整、工作经历不连续为由，未将肖某此段军龄视同缴费年限，缺乏事实和法律依据，法院应予纠正。依据行政诉讼法之规定，判决撤销被告区人力社保局向肖某作出的《北京市基本养老保险待遇核准表》并责令某区人力社保局对原告肖某的基本养老保险待遇重新进行核准。

【法条指引】

北京市基本养老保险规定

第三十五条　本规定所称的缴费年限是指企业和城镇职工共同缴纳基本养老保险费的年限。本市实行个人缴纳基本养老保险费前，按照国家规定计算的连续工龄视同缴费年限。城镇个体工商户和灵活就业人员的缴费年限按照实际缴费年度计算。

中华人民共和国行政诉讼法

第五十四条　人民法院公开审理行政案件，但涉及国家秘密、个人隐私和法律另有规定的除外。

涉及商业秘密的案件，当事人申请不公开审理的，可以不公开审理。

9. 用人单位能否以工资形式支付养老保险金？

【维权要点】

根据《社会保险费征缴暂行条例》的规定，城镇私营企业和其他城镇企业及其职工属于基本养老保险、基本医疗保险和失业保险的征缴范围，外商投资企业应当依法向当地社会保险经办机构办理社会保险登记，申报和缴纳社会保险费。其职工应当缴纳的社会保险费，由企业从其本人工资中代扣代缴。缴费单位、缴费个人应当按时足额缴纳社会保险费。参加社会保险费，缴纳和代扣代缴社会保险费是缴费单位的法定义务，不得以任何形式逃避。

【典型案例】

某市一外商投资企业在与员工签订的劳动合同中规定，员工领取货币工资，社会保险费包括在工资之中，由员工自行参加社会保险。该市劳动保障监察大队在劳动保障年检中发现这一劳动保障违法行为后，责令该外商独资企业限期办理社会保险登记、申报，补缴社会保险费。

【法官讲法】

该外商投资企业在工资中支付社会保险费的做法违反了社会保险法律法规的规定。根据《社会保险费征缴暂行条例》的规定，外商投资企业及其职工属于基本养老保险、基本医疗保险和失业保险的征缴范围，外商投资企业应当依法向当地社会保险经办机构办理社会保险登记，申报和缴纳社会保险费。其职工应当缴纳的社会保险费，由企业从其本人工资中代扣代缴。参加社会保险费，缴纳和代扣代缴社会保险费是缴费单位的法定义务，不得以任何形式逃避。对于不依法办理社会保险登记、申报的缴费单位，劳动保障行政部门可以依据《社会保险费征缴暂行条例》等有关法律法规规定责令限期改正；情节严重的，对缴费单位和其有关责任人员处以罚款的行政处罚。对于未依法缴纳和代扣代缴社会保险费的缴费单位，由社会保险征缴机关责令限期缴纳；逾期仍不缴纳的，除补缴欠缴数额外，从欠缴之日起，按日加收千分之二的滞纳金。

【法条指引】

社会保险费征缴暂行条例

第二条 基本养老保险费、基本医疗保险费、失业保险费（以下统称社会保险费）的征收、缴纳，适用本条例。

本条例所称缴费单位、缴费个人，是指依照有关法律、行政法规和国务院的规定，应当缴纳社会保险费的单位和个人。

第三条 基本养老保险费的征缴范围：国有企业、城镇集体企业、外商投资企业、城镇私营企业和其他城镇企业及其职工，实行企业化管理的事业单位及其职工。

基本医疗保险费的征缴范围：国有企业、城镇集体企业、外商投资企业、城镇私营企业和其他城镇企业及其职工，国家机关及其工作人员，事业单位及其职工，民办非企业单位及其职工，社会团体及其专职人员。

失业保险费的征缴范围：国有企业、城镇集体企业、外商投资企业、城镇私营企业和其他城镇企业及其职工，事业单位及其职工。

省、自治区、直辖市人民政府根据当地实际情况，可以规定将城镇个体工商户纳入基本养老保险、基本医疗保险的范围，并可以规定将社会团体及其专职人员、民办非企业单位及其职工以及有雇工的城镇个体工商户及其雇工纳入失业保险的范围。

社会保险费的费基、费率依照有关法律、行政法规和国务院的规定执行。

第四条　缴费单位、缴费个人应当按时足额缴纳社会保险费。

征缴的社会保险费纳入社会保险基金，专款专用，任何单位和个人不得挪用。

参考书目

1. 陈琦主编:《社会保险与福利待遇纠纷诉讼指引与实务解答》,法律出版社 2014 年版。

2. 王利明主编:《中国民法案例与学理研究·侵权行为篇、亲属继承篇》,法律出版社 1998 年版。

3. 王立主编:《〈关于人民法庭若干问题的规定〉及典型案例释解》,人民法院出版社 2001 年版。

4. 最高人民法院中国应用法学研究所编:《人民法院案例选》,人民法院出版社 2003 年第 3 辑。

5. 最高人民法院中国应用法学研究所编:《人民法院案例选:1992 ~ 1999 合订本》,中国法制出版社 2000 年版。

6. 最高人民法院民法典贯彻实施工作领导小组主编:《中华人民共和国民法典合同编理解与适用》,人民法院出版社 2020 年版。

7. 最高人民法院民法典贯彻实施工作领导小组主编:《中华人民共和国民法典婚姻家庭继承编理解与适用》,人民法院出版社 2020 年版。

8. 最高人民法院民事审判第一庭编著:《最高人民法院民法典继承编司法解释(一)理解与适用》,人民法院出版社 2022 年版。

9. 最高人民法院民事审判第一庭编著:《最高人民法院民法典婚姻家庭编司法解释(一)理解与适用》,人民法院出版社 2022 年版。

10. 最高人民法院民事审判第一庭编著:《最高人民法院新劳动争议司法解释(一)理解与适用》,人民法院出版社 2022 年版。

11. 国家法官学院、最高人民法院司法案例研究院编:《中国法院 2022 年度案例·婚姻家庭与继承纠纷》,中国法制出版社 2022 年版。

12. 最高人民法院民事审判第一庭编:《民事审判指导与参考(总第 87 辑)》,人民法院出版社 2022 年版。

13. 唐德华主编:《家庭婚姻继承案例实录与解析精要》,研究出版社

2002 年版。

14. 王爱立主编：《中华人民共和国刑法释义》，法律出版社 2021 年版。

15. 魏振瀛主编：《民法》，北京大学出版社 2000 年版。